KB232728

勳老 徐正淇 先生 儒敎大全 卷3 禮

정통가정의례

정통가정의례

서 정 기 선생 편저

한국학술정보(주)

중 간 서

내가 『정통가정의례』를 출판한지 16년이 되었다. 그동안 우리 가정문화가 심각한 위기에 봉착하였기로 가정의 소중함을 새삼 역설하지 않으면 안되겠기에 이제 가족 사랑과 가정의 행복 그리고 천륜(天倫)의 도리(道理)와 인륜(人倫)의 의리(義理)를 자세히 논술한다.

1. 가정은 하늘이 경영한다

① 하늘은 만물을 경영한다.

태초에 하늘 땅이 열려서 만물을 창조할 때에 하느님은 일체 만물을 자체적으로 모듬살이를 하게하여 종자를 번식해서 영원히 번창하도록 경영하였다.

따라서 만물은 각각 같은 종류끼리 서로 쫓아 모여서 함께 더불어 있으므로서 대를 이어 영원히 번창한 것이니 해와 달과 별은 하늘에 모여 영원하고, 산과 강과 들은 땅에 모여 영원하고, 사람과 짐승과 물고기와 곤충은 집에 모여 영원하고, 나무와 풀과 곡식은 밭에 모여 영원한 것이다. 이것은 하늘이 경영한 것으로 인간의 힘이 미치지 못하는 영역이다.

아! 그 누가 해와 달과 별이 서로 만나는 것을 막을 수 있을 것이며, 1천 산악이 한데 모여 솟구치는 것을 막고 1백 강물이 도도히 흘러 바다로 흐르는 것을 막으며, 광활한 들판이 넓게 펼쳐지는 것을 막으리오, 아! 그 누가 사람이 집에 모여 살고, 들짐승이 굴에 살고 날짐승이 새집에 살고, 물고기가 바위틈에 살고 곤충이 잎새에 사는 것을 막을 수 있으리요.

일체 만물은 생성기 발전기 변화기 사망기가 있으므로 단독생활을 하거나 홀로 떠돌아다니면 언젠가는 소멸하여 흔적도 없이 살아지기 때문에 하느님은 이것을 크게 걱정하여 종류가 같은 것끼리 모듬살이를 해서 암·수가 서로 짝을 지어 새끼를 낳아서 그 종자를 번창하도록 경영하였으니 혹 몸이나 뿌리로 증식함도 있고 태(胎)나 알이나 씨로 낳은 것도 있지만 모두 대를 이어 그 종족과 혈통을 영원히 보존토록 하는 원리는 모두 똑같은 것이다.

이것은 만물이 유한한 존재라는 현실적 한계를 모듬살이를 통하여 자체적으로 극복해서 무한한 존재로 거듭나는 숭고한 하늘의 경영방법인즉 이것을 거역하면 역천(逆天)이고, 이것을 해치면 패도(悖道)이고, 이것을 방해하면 불인(不仁)이다.

하늘 땅사이에 만물이 많고도 많아서 뿌리를 땅에 박고 사는 식물도 있고, 몸을 가로로 굽히고 사는 동물도 있지만 그러나 사람은 머리를 하늘로 두루고 살면서 또한 그 지각(知覺)이 가장 신령하니 하늘 땅사이에 오직 사람이 가장 고귀한 존재이다.

그러므로 성왕(聖王)은 하늘의 경영원리인 천리(天理)를 본받아 인간의 경영원리인 예법(禮法)을 만들어 천하에 밝히고 안락한 가정을 경영하여 문명국가를 건설하는 사명과 책임을 스스로 다하게 하였으니 자기를 공경하는 것이 하느님을 공경하는 원리요, 겨레를 사랑하는 것이 하느님을 사랑하는 길이요, 집을 지키는 것이 하느님을 받드는 방법이요, 문명국가를 건설하는 것이 하느님의 사업을 돕는 일인즉 천복(天福)을 받는 예절로 아무도 간섭하거나 해칠 수 없는 천부적으로 고유한 성역이다.

따라서 자기자신을 공경하지 않으면 사람이 아니고, 겨레를 사랑하지 않으면 사람이 아니고, 집을 지키지 못하면 사람이 아니고, 문명한 나라를 세우지 못하면 사람이 아니므로 천벌(天罰)을 면치 못한다.

어찌 하늘 땅사이에 가장 깨끗하고 빼어난 기운을 모아 아버지와 어머니의 피와 살을 받은 고귀한 몸에 하느님이 점지하여 주신 인의예지(仁義禮智)의 밝은 천성까지 부여받아 만물의 영장(靈長)으로 태어난 사람으로써 차마 천리(天理)를 거역하고 인욕(人慾)을 방류(放流)해서 문명국(文明國)의 아름다운 헌장(憲章)을 버리고 야만국으로 전락하여 천복(天福)을 버리고 천벌(天罰)을 취하리요

마땅히 하늘이 만물을 경영하는 이치를 연구하여 만물을 개발 이용하고 하늘이 가정을 경영하는 원리를 본받아서 가정을 영생(永生)의 복락(福樂)이 가득찬 마당으로 만들어야 한다.

② 하늘이 다스리는 원리와 법칙

인류는 오랫동안 이상세계를 건설하려고 노력했다. 전체가 공유하는 통일적 이념과 목적을 가지고 아름다운 질서 속에 두루 화합하면서도 또한 개인의 기능과 역할을 인정하는 보람 위에 독자적 사업과 방법이 있어서 지극히 자유롭고 평등한 세계를 개

척하는 것이 역사적 과제였다.

 이에 동양철학에서는 가장 먼저 사랑, 정의, 예절, 지혜, 믿음으로 충만한 하늘에 주목하였다. 하늘에는 만물을 창조하여 동서남북과 중앙에 상대적으로 펼쳐놓은 자연의 존재원리가 대단히 조화롭고 또한 해와 달을 운행하여 춘하추동의 4철이 차례로 돌아가는 자연의 변화법칙도 매우 아름다움으로 이러한 천리(天理)를 본받아 국가사회의 경영체제를 만들어서 인류의 안녕과 발전을 보장하려고 일찍이 요순(堯舜)은 쾌활한 하늘의 실체를 관측하였다.

 그리하여 대우주의 무한한 공간에 존재하는 상대적 안정의 원리와 세월의 무궁한 시간에 발전적 변화의 법칙을 발견하고 하늘이 통일하여 주재(主宰)하는 구조를 확인해서 마침내 태극(太極), 음양(陰陽), 5행(五行)체제의 우주론을 정립하였던 것이다.

 하늘이 세상을 다스리는 권능은 실로 방대하므로 그 구조적 특성에 따라 각각 분별하는 이름을 지었으니 만물을 창조하여 주재한 것은 황천상제(皇天上帝: 거룩한 하늘의 윗 하느님)로 대우주를 다스리는 최고 유일의 권능을 가진다는 뜻이고 만물의 근원으로써 절대본체는 태극(太極: 한 덩어리)으로 태초의 통일원리라는 뜻이며, 형상으로 나타나서 조화(造化)하는 것은 천(天)으로 자연의 물리적 하늘이라는 뜻이요, 변하여 바뀌고 흘러가는 길은 도(道)인데 자연히 변화하는 진리라는 뜻이며 우주를 대통일하여 강력한 지도력을 발휘한 것은 건(乾)이니 강건, 순수한 양기(陽氣)로 충만한 하늘이라는 뜻이다.

 황천상제는 그 밑에 세시일월력(歲時日月曆)의 시간을 담당하는 천종제(天宗帝)와 오곡백과(五穀百果)및 가축어채(家畜魚菜)의 곡식을 담당하는 신농제(神農帝)를 두어서 전체를 관장하면서 또한 하늘을 다섯 방면으로 나누어 각 방면을 자치적으로 관리하는 하느님을 세우고 위임해서 적성에 따라 교대로 춘하추동을 분담하여 다스리게 하였으니 동쪽 하늘은 사랑을 주장하는 창천(蒼天: 푸른 하늘)으로써 한 해를 시작하는 봄을 주관하고, 남쪽 하늘은 예절을 주장하는 호천(昊天: 넓은 하늘)으로써 여름을 형통하게 하며, 서쪽 하늘은 정의를 주장하는 민천(旻天: 아롱진 하늘)으로써 가을을 이롭게 하고, 북쪽 하늘은 지혜를 주장하는 상천(上天: 오르는 하늘)으로써 겨울을 바르게 끝내며, 가운데 하늘은 믿음을 주장하는 균천(鈞天: 고른 하늘)으로써 4계절의 중간을 균평하게 주관하는 것이다.

지극히 불가사의한 권능을 가진 하느님이 세상을 다스림에는 직접 다스리지 않고 그 전문적 직무에 신통한 작용능력을 발휘하는 초월자(超越者)로서 가장 영험한 신(神)을 밑에 거느리고 그 도움을 받아서 사무를 처리하는데 동쪽 하느님은 태호제(太皞帝: 따뜻하고 밝은 하느님) 또는 청제(靑帝)라고 하는바 나무를 관장하는 구망신(苟芒神: 새 싹을 돋게 하는 신령)을 부리고, 남쪽 하느님은 염제(炎帝: 불꽃 하느님)또는 적제(赤帝)라고 하는바 불을 관장하는 축융신(祝融神: 불길을 위로 오르게 하는 신령)을 부리며, 중앙의 하느님은 황제(黃帝: 고른 하느님)라고 하는바 땅을 관장하는 후토신(后土神: 흙을 관리하는 신령)을 부리고, 서쪽 하느님은 소호제(少皞帝: 서늘하고 밝은 하느님) 또는 백제(白帝)라고 하는바 쇠를 관리하는 욕수신(蓐收神: 자리값을 거두는 신령)을 부리며, 북쪽 하느님은 전욱제(顓頊帝: 어둔 하느님) 또는 흑제(黑帝)라고 하는바 물을 관장하는 현명신(玄冥神: 검은 신령)을 부린다.

이와같이 전체와 부분을 분담하고 시간과 공간과 능력에 따라

적기에 임무를 교대하는 하늘이 다스리는 원리와 법칙을 본받아서 태극과 음양5행의 합리적인 자연법칙을 밝히고, 인간의 한 마음에 건순(健順) 5상(五常)의 덕을 갖추어 중화(中和)의 인극(人極)을 세우며, 제가(齊家), 치국(治國), 평천하(平天下)의 사업을 지도 경영하여 상하(上下) 4방(四方)을 균제방정(均齊方正)하게 다스려서 황극(皇極)을 건립하므로써 3극(三極)의 3원(三元)세계가 뚜렷하고 융성해야만 국가사회의 모든 구성원이 시대 발전에 기여해서 큰 보람을 느끼는 이상세계를 건설할 수 있는 것이다.

2. 가족(家族)은 영원하다.

① 가족의 구성은 하늘이 정한다.

하느님이 태초에 하늘 땅을 열었나니 그런 뒤에 만물이 생겨나고, 만물이 있기 시작한 뒤에 남자와 여자가 있고, 남자와 여자가 있는 뒤에 지아비와 지어미가 있고, 지아비와 지어미가 있는 뒤에 아버지·어머니와 아들·딸이 있고, 아버지·어머니와 아들·딸이 있는 뒤에 임금과 신하가 있고, 임금과 신하가 있는 뒤에 위와 아래가 있나니 그런 뒤에 사람이 하늘이 다스리는 원리와 법칙을 본받아 천하국가를 융성(隆盛)하게 경영할 수 있는 것이다.

따라서 하느님이 남자와 여자를 낸 것은 서로 짝을 지어 부부(夫婦)가 되어서 실(室)의 핵가족을 이루고 아들·딸을 낳아서 일만 가지 행복을 스스로 개척하라는 뜻이요, 나아가 그 부부(夫婦)가 아들·딸을 길러 아버지·어머니와 아들·딸 및 며느리와 사위를 보아서 가(家)의 대가족을 이루며 더욱 나아가 부족(部

族), 민족(民族)이 군장(君長)을 세우고 국가(國家)를 건설하여 하늘을 대신하여 나라를 다스리는 것이 모두 하늘의 뜻을 땅에서 실현하는 사업이다.

그러나 실(室)과 가(家)를 이루는 가족의 구성은 하느님만이 정하는 것이고, 나라를 구성하는 국민은 사람이 정하는 것이다. 아버지와 어머니 그리고 아들과 딸은 혈연(血緣)관계이므로 하느님이 정한 원초적 가족의 기본단위임이 분명하지만 어찌하여 남자와 여자가 혼인하여 사는 부부(夫婦)까지도 가족으로 규정하는가? 그 이유는 하느님이 만물의 종류가 같은 것끼리 서로 모여야 번창하도록 애당초 암·수를 나누고 반드시 교배하므로써 종자를 생산하게 하였는데 저 남자와 여자가 같은 시기에 같은 장소에서 만나 혼인하여 사는 것이 바로 하느님이 정한 배필(天定配匹)이 아니고 무엇이며, 지아비와 지어미가 피와 살을 섞음에 하느님이 그 아들·딸을 점지하여 주었으니 바로 하느님이 정한 가족이 아니고 무엇이며, 아들에게 시집온 며느리가 시부모를 공양(供養)하고 시부모가 돌아가심에 3년의 상복(喪服)을 입으니 바로 하느님이 정한 가족이 아니고 무엇인가!

이리하여 혈연(血緣)으로 맺어진 실(室)의 핵가족과 가(家)의 대가족은 모두 하느님이 결정한 가족으로 구성하므로 그 누구도 가족관계를 침탈할 수 없으며 비록 국가의 권력으로도 가족의 혈연공동체를 도아서 보호할지언정 해체하거나 병합할 수 없는 천부적 고유 영역이기 때문에 마침내 이를 사가(私家)로 인정해서 자체적으로 가족을 구성하여 존재하는 실체로 공인하였다.

따라서 개인의 가족은 하느님의 절대적인 보우(保佑)아래 자체적으로 어버이와 자녀가 친밀하고, 형제가 우애하며, 부부가 화합해서 자손을 길으므로서 그 혈통을 계계승승(繼繼承承) 서로 이으며 영원히 번성하는 것이다. 가족의 구성원이 이러한 하늘의 뜻을 인식하면 가족에는 개인이라는 소아(小我)보다는 우리 가족 전체라는 대아(大我)의 사명감을 알아서 천륜(天倫)의 가족관계와 인륜(人倫)의 인간관계에 대한 차이를 분별할 것이다.

② 가족의 범위

가족은 하늘이 혈연(血緣)으로 정하는 까닭에 천륜(天倫)관계로 그 범위를 규정한다. 하늘의 떳떳한 조리질서의 체계는 일사불란하여 흐트러지거나 어그러짐이 없이 하나의 뿌리에서 나와 일만 가지로 뻗어나가는 바 곧 하나의 뿌리를 근본으로 삼아 대수(代數)와 촌수(寸數)를 계산하여 가족의 범위를 결정하는 방법이 가장 천연적인 방법이다.

가족에 있어서 하나의 뿌리를 누구로 삼을가? 부부(夫婦)의 핵가족에 있어서는 지아비가 바깥주인이고 지어미가 안주인이니 똑같은 주인이지만 대외적으로 핵가족을 대표하는 데는 지아비가 책임을 지는 것이 활동성에 있어서 일반적으로 좋을 것이다. 그리하여 옛날로부터 지아비를 가장(家長)이라고 호칭하였고 지어미를 내상(內相)이라고 일컬어 왔던 것이며, 또한 할아버지와 아버지와 아들·딸과 손자손녀는 같은 혈통이고 할머니와 어머니와 며느리와 손자며느리는 서로 다른 혈통이기 때문에 그 집안의 일관적인 혈연질서의 체계를 세우기 위하여는 부득이 지아비를 기본으로 정하기 않을 수 없는 것이다.

그리하여 상고시대에 요(堯) 순(舜) 우(禹)의 성왕(聖王)이 혈통에 따라 성씨(姓氏)를 정해주어서 그 천륜(天倫)관계를 뚜렷이 밝혔으니 그 성씨(姓氏)의 본관(本貫)을 중심으로 삼아 혈연의 관계를 파악해서 쉽게 동성(同姓)과 이성(異姓)을 식별할 뿐만 아니라 또한 친척의 친소(親疏)와 원근(遠近)을 분별하여 윤리로 맺어진 삶을 살게 하였던 것이다.

태초에 남자와 여자가 동거하는 것은 개인과 개인의 결합이지만 성씨가 다른 두 남녀의 혼인 곧 이성혼(異姓婚) 제도는 윤리로 맺어진 삶이기 때문에 두 성씨의 결합이다. 그리하여 혼인을 2성지합(二姓之合) 또는 양가(兩家)가 결합하는 경사(慶事)로 인정하여 인류를 결집하고 공개사회를 개척하는 기본가족제도로 존중하였다.

지아비는 호주(戶主)가 되고 나아가 대가족을 이루면 집안의 대주(大主)가 되어서 가족을 결집하는 중심으로 삼았으니 아버지의 혈통을 이은 겨레는 본족(本族) 혹은 내족(內族)이요, 어머니의 혈통을 가진 겨레는 외족(外族) 혹은 척족(戚族)이며, 아내의 혈통을 가진 겨레는 처족(妻族) 혹은 인족(姻族)이다.

한 집안의 겨레는 세대(世代)를 이어가면서 무궁하게 번창하므로 한계가 없지만 그러나 가족이란 살아서 함께 사는 겨레만을 지칭하기 때문에 그 최소단위는 부부(夫婦)·부자(父子)·부녀(父女)·모자(母子)·모녀(母女)·조손(祖孫)·형제(兄弟)·구부(舅婦)·고부(姑婦)처럼 단 둘인 경우도 있고, 고조부모(高祖父母)·증조부모(曾祖父母)·조부모(祖父母)·부모(父母)·아들과 며느리·손자와 손자며느리·증손자와 증손부(曾孫婦)·현손(玄孫)과 현손부(玄孫婦)가 있어 그 수를 헤아리기 어려운 경우도 있다.

이와 같이 종적으로는 세대를 서로 이어가고 횡적으로는 형제자매가 가지를 뻗어 나가므로 이를 직계와 방계(傍系)로 나누어 직계는 장자(長子)가 상속하는 것을 원칙으로 하는 가통(家統)을 세우고 또한 같은 형제자매의 항열(行列)은 그 이름에 항렬자(行列字)를 쓰도록 하여 위아래를 알게 하였으니 천연(天然)의 질서에 따라 그 세계(世系)와 촌수(寸數)를 뚜렷이 밝힐 수 있게 하였는바 이것은 모두 부부는 일심동체(一心同體)이고 조손일체(祖孫一體)요 형제자매는 동기간(同氣間)임을 확인하는 증거물이다.

③ 가족 사랑의 절도

가족은 하늘이 정한 혈연으로 맺은 한겨레이기 때문에 그 관계가 영원불변하고, 그 존재가 지상최고의 절대적 가치를 가진다. 그러므로 이 세상에 가족사랑보다 위대하고 숭고한 사랑은 없으니 그것은 천성(天性)의 자연적 발로이고 인정(人情)의 원초적 감응이다.

어려서 부모를 사랑하지 않은 아이는 없으며 자식을 사랑하지 않은 부모가 없는 것이요, 혼인하여 지어미를 사랑하지 않는 지아비는 없으며 지아비를 사랑하지 않는 지어미도 없는 것이나 부모를 섬기는 효도(孝道)와 자녀를 사랑하는 자애(慈愛)와 지아비를 사랑하는 정렬(貞烈)과 지어비를 사랑하는 애정(愛情)에 절도(節度)가 없을 수는 없는 것이다, 가족을 부양하여 입히고 먹이고 잠자리를 편안하게 만들어주어 의식주(衣食住)를 해결하는 것은 필수적 사항이요 나아가 생사고락을 함께하여 관혼상제(冠婚喪祭)를 갖추는 것이 충분적 요건이다. 따라서 공동운명체인 가족은 서로 협동노력해서 자체적으로 영생(永生)의 복락(福樂)을 누리도록 경영할 의무와 책임이 있는 것이다.

가족의 생계(生計)대책을 세우고 넉넉한 가산(家産)을 일으켜서 항구적 가업(家業)을 지켜야 함은 물론이요, 가정교육을 시켜서 바르게 자라도록 가르쳐 아들이 20세가 되면 관례(冠禮)를 거행하고 딸이 15세가 되면 계례(笄禮)를 거행해서 성인(成人)으로 인정하여 사회구성의 1원으로 공인해서 미래의 수복(壽福)을 축원하고 또 그 배우자를 찾아 혼례(婚禮)를 거행하여 핵가족을 형성하게 해서 아들과 딸을 낳고 일만 가지 행복을 누리도록 축복하여야 된다.

그러다가 집안에 어른이 돌아가시면 상례(喪禮)를 집행하여 유가족이 상복(喪服)을 입고 애도(哀悼)하며 장례(葬禮)를 거행해야 하는바 죽은 가족과의 친소원근(親疎遠近)에 따라 슬픔의 정도가 다르므로 성왕(聖王)은 다섯 가지의 상복과 상복 입는 기간을 제정하였으니 5복제도(五服制度)라고 한다.

5복제도는 가족을 잃은 아픔과 슬픔의 정도와 그 충격의 파장을 다섯 등급으로 나누어 복제(服制)와 복기(服期)를 정한 것인데 첫째 가장 무거운 것이 참최3년(斬衰三年)이요 둘째 그다음으로 무거운 것이 자최3년(齊衰三年)과 자최장기(齊衰杖朞)와 자최부장기(齊衰不杖朞)와 자최부장5월(齊衰不杖五月)과 자최부장3월(齊衰不杖三月)이니 모두 직계가족의 상복을 입는 방법이다. 셋째는 대공9월(大功九月)이고 넷째는 소공5월(小功五月)이며 다섯째는 시마3월(緦麻三月)이니 가장 가벼운 상복인데 모두 방계가족의 상복을 입는 방법이다.

참최3년의 복제(服制)는 가장 굵은 삼베로 굴건제복을 만드는 것인데 끝단을 자르기만 하고 꿰메지 않으며 대나무로 지팡이를 만들어 짚고 만 2년 동안 거상(居喪)하는 것이다. 이것은 가족을 잃게 된 원인이 자기에게 있다는 뜻이며 따라서 가족을 잃은 아픔보다도 더한 죄책감에 사로잡혀 거의 이성을 잃은 단계에 이르렀음을 상징하기 때문에 오로지 아버지를 여읜 아들·딸·며느리, 아버지를 여읜 맏아들과 맏며느리가 할아버지나 증조와 고조할아버지가 돌아가실 때에 주상(主喪)이 될 경우, 아버지가 적자(嫡子)를 잃었을 때, 지어미가 지아비를 잃었을 때에만 입는 것이니 인생1대에 오직 하나뿐인 사랑의 극치요 슬픔의 극단을 표현하는 절도이다.

자최3년의 복제는 굵은 삼베로 굴건제복을 만드는 것인데 끝단을 꿰매며 깎은 나무로 지팡이를 만들어 짚고 만 2년 동안 거상(居喪)하는 것이다. 이것은 가족을 잃게 된 주 원인이 다른 사람에게 있으므로 지극히 슬프기는 하지만 죄책감 까지는 느낄 필요가 없음을 뜻하기 때문에 어머니를 여읜 아들·딸·며느리, 계모(繼母)를 여읜 아들·딸·며느리, 아버지를 여읜 맏아들과 맏며느리가 할머니가 돌아가실 때, 어머니가 맏아들이 죽었을 때에만 입는 것이다.

자최장기(齊衰杖朞)의 복제는 자최3년과 같으나 상복을 입는 기간이 만1년간으로 아내를 잃은 지아비, 여러 아들 딸을 잃은 부모, 큰며느리를 잃은 시부모만 입는 것이다.

자최부장기(齊衰不杖朞)는 지팡이가 없이 만 1년간 상복을 입는 것으로 할아버지, 할머니, 백숙부모(伯叔父母), 고모(姑母), 형제자매, 조카, 조카딸, 장손(長孫) 등의 초상에만 입으며, 자최부장5월(齊衰不杖五月)은 지팡이가 없이 5개월간 상복을 입는 것으로 증조부모(曾祖父母)의 초상에만 입으며, 자최부장3월(齊衰不杖三月)은 지팡이가 없이 3개월간 상복을 입는 것으로 고조부모(高祖父母)의 초상에만 입는 것이다.

대공9월(大功九月)은 보통 삼베옷으로 굴건과 지팡이가 없이 9개월간 애도하는 것이니 형수제수, 여러 며느리, 여러 손자손녀, 종형제자매(從兄弟姉妹) 등의 상복을 입는 절도이다.

소공5월(小功五月)은 보통 삼베옷으로 5개월간 애도하는 것이니 종조부모(從祖父母), 대고모(大姑母), 당숙모(堂叔母), 재종형제자매(再從兄弟姉妹), 종질(從姪), 질손(姪孫), 장손부(長孫婦),

외조부모(外祖父母), 이모(姨母) 등의 상복을 입는 절도이다.

시마3월(緦麻三月)은 가는 삼베옷으로 3개월간 애도하는 가장 가벼운 상복이니 종증조부모(從曾祖父母), 재종조부모(再從祖父母), 재당숙모(再堂叔母), 삼종형제자매(三從兄弟姉妹), 재종질(再從姪), 종질손(從姪孫), 여러 손자며느리, 현손(玄孫), 외손(外孫), 외삼촌(外三寸), 서모(庶母), 유모(乳母), 사위 장인 장모 등의 상복을 입는 절도이다.

이상과 같이 5복을 입는 가까운 친척(親戚)을 유복친(有服親)이라고 하여 가까운 가족으로 인식하고 그 밖으로는 무복친(無服親)이라고 하여 먼 친척이라고 하며, 또한 가까운 친척도 양자(養子)로 나간 아들과 시집간 딸은 그 생부모(生父母)에 대하여 한 등급을 낮추며, 또 19세 이하의 미성년자의 상복은 한 등급을 낮추고, 상(殤)이라 하며 7세 이하는 달을 날로 계산하고, 생후 3개월이 안되면 아무런 상복도 입지 않으며, 시집간 여자는 친정집안의 초상에 한 등급을 낮춘다.

인생이 100년을 살면서 상복(喪服)을 입을 수 있는 가족관계는 본족(本族)이 5대(代)이고, 외족(外族)이 2대(代)이며, 처족(妻族)이 2대(代)인데 이것을 9족(九族)이라고 하는바 사람마다 9족이 친하게 살면 모든 국민이 서로 친척관계로 연결되어 연줄연줄로 걸리지 않는 사람이 없어서 모두가 친근해지는 것이다. 그러므로 요(堯)임금이 대아(大我)의 도덕심을 밝혀 9족을 친하게 하는 가족사랑의 절도를 정치철학의 기본으로 삼아 태평세계를 건설하였던 것이다.

가족을 잃음에 그 일가친척과 이웃이 모여 장사지고 애도기간이 끝나면 비록 평상생활로 돌아가지만 해마다 제사를 지내서 그 추억을 회상하며 조상의 사당을 지어 덕(德)과 공(功)을 기리고 그 은혜에 보답하는 길을 찾는 것이니 그립고 사모하는 정을 죽을 때까지 잊지 못하여 묘지를 찾는 것이 가족사랑이다. 그러므로 이세상에 어버이를 사랑하는 것보다 더 위대하고 거룩한 것은 없으므로 공자가 말씀하시기를 그 어버이를 사랑하지 않고 남을 사랑하는 사람을 패덕자(悖德者)라고 하며 그 어버이를 공경하지 않고 남을 공경하는 사람을 패례자(悖禮者)라고 하였다.

④ 가족관계와 인간관계

가족관계는 하늘이 정한 혈연공동체로써 생사고락을 함께하는 영원한 것이고 인간관계는 사람이 선택한 조건공동체로 이해득실에 따라 이합집산(離合集散)하는 일시적인 것이다.

따라서 가족관계는 본족(本族)관계와 외족(外族)관계 그리고 처족(妻族)관계 뿐이고, 인간관계는 여러 가지가 있으나 크게 분류하면 국가조직의 관작(官爵)관계와 시골마을의 지역사회에서 나이(年齒)관계와 학술·문화·교육집단에서의 재능과 공덕(功德)관계로 요약하여 정리할 수 있다.

가족관계는 천륜(天倫)이므로 여하간 경우에도 인간이 파괴할 수 없기 때문에 절대적으로 하늘의 뜻에 순응하는 의무와 책임이 있는바 이것을 도리(道理)라고 한다, 따라서 가족의 도리는 무조건 가족질서를 지키고 가족화합을 도모하며 가족의 평화를 보장해야만 되는 절대의 지상명령으로 전혀 선택의 여지가 없는 것이다.

그러나 인간관계는 인륜(人倫)이므로 사람의 뜻에 따라 결합과 해체가 가능하며 입회와 탈퇴를 수시로 할 수 있는 자유가 있고, 의무와 권리를 똑같이 하는 평등을 인정하여 강요나 억압을 반대하고 힘이 있으면 언제나 해방독립 할 수 있는바 이것을 의리

(義理)라고 한다. 따라서 인간관계의 의리는 상당한 조건을 서로 충족할 수 있을 뿐만 아니라 개인의 자유와 평등과 해방을 보장해야만 되는 상대적인 조건이 충족 되었을 때에만 관계가 성립하는 것이다.

따라서 가족관계의 도리는 본래 우리라는 일체(一體)관념이 있기 때문에 무한책임을 가지며, 인간관계의 의리는 원래 나와 남이라는 이질(異質)관념이 있는 까닭에 유한책임을 가지는바 오직 부부(夫婦)는 성씨(姓氏)가 다른 남자와 여자가 만났기 때문에 처음에는 인륜(人倫)의 의리(義理)로 시작하지만 혼례(婚禮)를 거행하고 부부생활을 하면서 아들·딸을 낳거나, 시부모가 죽었을 때에 3년의 상복을 입었거나, 가난한 가정을 부유하게 만들었거나, 중병을 앓거나, 친정부모가 별세하였으면 천륜의 도리(道理)가 성립하여 여하한 경우에도 본인이 취사선택하기 전에는 누구도 가족관계를 파괴하여 단절할 수 없는 것이다.

대저 가족관계의 친근하고 소원하고 같고 다름을 판단하는 기준은 세계(世系)의 대수(代數)와 항렬(行列)의 촌수(寸數)로 계산되는데 자기자신을 중심으로 하되 본족(本族)을 계산함에는 남편을 기준으로 셈하여 아내가 남편을 따르고, 처족(妻族)을 계산함에는 아내를 기준으로 셈하여 남편이 아내를 따르며, 또한 외족(外族)을 계산함에는 남편의 외족은 남편을 기준으로 삼고 아내의 외족은 아내를 기준으로 삼는 것이 원칙인데 아버지를 최고로 공경하고 사랑하며, 그 다음은 차례로 체감(遞減)하나니 어머니는 아버지와 똑같이 사랑하되 그 공경함은 한 등급을 낮추는 것이다.

또한 인간관계의 위아래와 멀고 가까움과 같고 다름을 판단하는 기준은 조건과 상황에 따라 각각 다른데 첫째 국가조직의 행정체계에서는 작위(爵位)와 관등(官等)을 기준으로 셈하여 상하 (上下)와 동이(同異)를 분별하는 것이 기본인데 국가조직에서 최고지도자인 임금은 아버지를 공경하는 수준으로 공경하되 그 사랑은 한 등급을 낮추는 것이니 그 이하는 차례로 체감하여 공경과 사랑을 모두 낮추는 것이다.

둘째 시골마을의 지역사회에서는 나이를 기준으로 셈하여 위아래와 같고 다름을 판단하는 것이 기본인데 나이가 20세 이상이면 아버지뻘로 공경하고, 10세가 많으면 형뻘로 존경하며, 5세가 많거나 적으면 어깨를 나란히 하여 대등하게 대하며, 10세가 아래이면 아우뻘로 사랑하고, 20세가 이하이면 아들뻘로 보호하는 것이 의리이다.

셋째 학술·문화·교육집단에서는 재능과 공덕(功德)을 기준으로 셈하여 위아래와 같고 다름을 판단하는 것이 원칙인데 그 학술·문화·교육집단에서는 재능과 공덕(功德)이 탁월하여 본받고 싶은 선비가 선사(善士)요, 그러한 일에 홀로 책임을 완수하는 선비가 신사(信士)이며, 그러한 일에 충실하고 완벽하게 성공하는 선비가 미사(美士)이며, 충실하고도 빛나게 하는 사람이 대인 (大人)이며, 위대한 역량으로 세상을 변화시킨 사람이 성인(聖人)이며, 세계를 신성하게 변화하면서도 그 사람을 알 수 없는 것이 신인(神人)이다.

따라서 학술·문화·교육 등의 분야에서는 큰 스승을 아버지를 공경하는 정도로 높이고, 그 다음의 스승은 차례로 체감(遞減)하여 붕우(朋友)는 평등하게 사귀고, 제자(弟子)는 형제나 아들처럼 사랑해야 되는 것이다.

이리하여 그 사랑과 공경에 모두 극치가 있나니 아버지는 천륜(天倫)관계이므로 비록 허물이 있어도 은근하게 간(諫)하여 3

번을 미간(微諫)해도 듣지 않으면 울면서 따라다니고, 임금이나 관장(官長)은 인륜(人倫)관계이므로 만일 허물이 있으면 직간(直諫)하여 3번을 정직하게 간(諫)하여도 듣지 않으면 벼슬을 버리거나 상관을 갈아치우며, 노인(老人)은 비록 인륜관계이지만 그 허물을 지적할 책임이 없으므로 외면(外面)하여 보지 않은 것이며, 선생(先生)은 인륜관계가 있지만 지혜가 있어 자기 자신의 행동에 책임을 질 줄 알기 때문에 간언(諫言)하지는 않고 질문만 하는 것이니 그 대답이 논리적 합당성이 없으면 떠나는 것이다.

아버지의 초상에는 상복(喪服)을 입고 심상(心喪)하며, 임금의 초상에는 상복만 입고 심상은 하지 않으며, 스승의 초상에는 상복은 입지 않고 심상만 하나니 여기에 천륜과 인륜의 차이가 있는 것이다.

⑤ 가족수호제도

자고로 가족의 존재의미와 보존가치는 그 혈통을 유구하게 계승 발전하는 항구성에 있다. 사람이 개인의 유한한 생명을 극복하고 무한한 생명을 경영하기 위해서는 생명의 뿌리를 찾아 조상의 혈통을 밝히고 자손의 혈통이 갈려 나간 원줄기와 곁줄기를 확인하여 이를 수호하는 제도가 있어야 항구성을 보장할 수 있는 것이다.

그리하여 인류는 난잡했던 미개사회를 청산하고 성씨(姓氏)제도를 창안하며 이성혼(異姓婚)제도를 만들며, 장자(長子)가 가통(家統)을 승계하는 종법(宗法)을 제정하여 문명한 가족사회를 개척하였으니 이로써 사람마다 그 시조(始祖)가 뚜렷한 성씨가 있고 가족이 있고 자손이 있어서 혈통의 유구한 의미와 무궁한 가치를 깨달아 항구불변의 가족정신을 가지고 영원한 삶을 살게 되었다.

따라서 집집마다 가승(家乘)이 있었으니 가족의 역사를 기록한 책이요, 가보(家譜)가 있었으니 가족의 계통과 계열을 기록한 책이며, 족보(族譜)가 있었으니 종파(宗派)와 지파(支派)를 분류한 책인데 모두 9족(九族)의 관계를 기록함은 물론이고 그 이름과 자(字)와 호(號) 그리고 생년월일과 기일(忌日) 및 출생지와 묘지를 명확히 기록하며 또 벼슬이나 공적까지도 자세히 기술하여 가장 소중한 물건으로 집안에서 보관하였다.

효자는 여기에 만족하지 않고 집에 가묘(家廟: 사당)를 지어 조상의 위패(位牌)를 모시고 철따라 제사를 지내서 조상의 정신을 기리고 또한 묘지에 비석(碑石)을 세워 기리 현창(顯彰)하며 그 문집(文集)을 출간하여 자손에게 읽도록 하였던 것이다.

그러나 일반 서민대중에게는 별다른 공적도 없고 기록할 능력도 없으며 삶에 여유도 없는 까닭에 부득이 국가에서 호적(戶籍)제도를 창안하여 모든 국민의 호구(戶口)를 조사기록하여 그 본적지(本籍地)에 호주(戶主)의 성명과 본관 및 가족관계를 빠짐없이 기록하고 그 부모조상과 배우자, 자녀의 생년월일과 신상명세를 기술하여 영구보존케하므로써 이 호적부에 안주(安住)하여 영생(永生)의 복락(福樂)을 누리도록 국가가 보장하였다.

우리나라는 근대세계에 유례가 없는 조선왕조실록(朝鮮王朝實錄)이 있는 것처럼 가족에게는 세계에서 가장 훌륭한 족보(族譜)가 있고, 국가에는 세계제일의 호적부(戶籍簿)가 있으므로써 오늘날 세계에서 가장 영원한 가족문화를 자랑하게 된 것이니 우리보다 아름다운 가족수호제도는 세상에 없다.

3. 가정은 영원한 행복의 요람

① 가정화합의 이념은 합리주의, 중용사상, 대동정신

가정은 인간화합의 실마리요, 인생이 시작하고 끝나는 곳이다. 사람은 원초적으로 가정에서 태어나 가정에서 살다가 가정에서 죽는 것인데 그래도 잘난 사람은 국가와 사회로 진출하여 가정 밖에서 주로 활동할 수 있지만 절대다수의 보통사람과 기회가 없는 사람은 오로지 가정만이 인생의 전부일 수 있으며, 더욱이 19세 이하의 미성년과 70세 이상의 노인은 사회활동의 기회가 없으므로 오직 가정만이 생활공간의 중심이라고 할 것이다. 그러나 가족은 단순히 혈연만으로 화합되는 것은 아니고 반드시 항구적으로 화합할 수 있는 숭고한 이념과 위대한 목적과 원대한 사업이 있어서 가족을 감동시킬만한 조건이 충족되어야 응집력이 생기는 것이다.

혈연관계로 맺어진 가족이 화합하여 평생을 함께 사는 가정을 경영함에는 서로 사랑하고 공경하여 질서를 지키고 굳게 화합하며 길이 평화롭게 살면서 조상을 숭배하고 자손을 가르쳐서 가정의 영화(榮華)를 도모해야 된다.

가장 견고하게 화합할 수 있는 가정화합의 이념으로 오랫동안 가족구성원 전체를 감동시켰던 보편적인 진리는 곧 합리주의와 중용사상(中庸思想)과 대동정신(大同精神)같은 숭고한 이념으로 수신(修身) 제가(齊家) 치국(治國) 평천하(平天下)의 사업을 경영하는 것이었다.

합리주의는 자연과학적 합리주의와 인문과학적 합리주의와 사회과학적 합리주의가 있는데 자연과학적 합리주의는 천리(天理)와 물리(物理)와 사리(事理)를 알아서 천리(天理)가 있는 진실세계를 발명하고, 정밀한 물리(物理)를 발견하며, 합당한 사리(事理) 찾아 자연법칙에 철저한 밝은 지혜를 갖추는 것이다.

인문과학적 합리주의는 성리(性理)와 심리(心理)와 정리(情理)를 알아서 천부적인 착한 인간성을 깨달아 자기의 고유한 성리(性理)를 함양하고, 떳떳한 양심(良心)을 간직하여 공정한 심리(心理)를 밝히며, 순수한 정리(情理)를 발휘하여 인간본의(人間本義)에 충실한 높은 덕망(德望)을 갖추는 것이다.

사회과학적 합리주의는 윤리(倫理)와 도리(道理)와 의리(義理)를 알아서 5륜(五倫)을 밝히고 천륜(天倫)의 도리(道理)와 인륜(人倫)의 의리(義理)를 실천하여 사회규범에 철저한 지도력과 책임정신을 갖추는 것이다.

이와 같이 밝은 지혜와 성실한 덕망과 탁월한 지도력을 가지고도 중용(中庸)사상을 알아서 멀리 가려면 가까운데로부터 시작하고 높이 올라가려면 낮은 곳으로부터 말미암아 보수(保守)할 것은 보수하고 진보(進步)할 것은 진보하며 때와 장소와 능력에 알맞게 하여 자율자치(自律自治)함에 한쪽으로 치우치지도 않고 한편으로 기울지도 않으며 지나침도 모자람도 없게 하여 전체 가족의 구성원이 각각 최적의 상태에서 안락을 누리게 하여야 모두 감동해서 화합하는 것이다.

그러나 가족의 화합은 여기에 만족해서는 안되고 더욱 나아가 대동정신(大同精神)을 알아서 같은 시대에 같은 장소에 있는 이웃을 비롯해서 국가사회와 천하만물이 공존공영(共存共榮)하는 세계임을 깨달아 인류는 물론이고 금수(禽獸) 곤충과 초목 산천의 모든 만물이 하나로 연결된 1체(一體)임을 확인하여 우주가 쾌활하게 발전하도록 돕는데 이르러야 마침내 가족이 화합하는 정신이 지극한 것이다.

② 가정안정의 구조는 양주쌍전주의(兩主雙全主義)

가정안정의 구조는 천연(天然)의 진리를 본받는 것이 가장 이상적이다. 이세상은 상대적인 세계이고 공존의 마당으로 공간적으로는 동서남북과 내외상하가 서로 대칭하고 시간적으로는 춘하추동과 주야한서(晝夜寒暑)가 서로 교대한다.

따라서 만물이 이 세상에 존재하는 가장 안정적인 구조는 본말(本末), 상하(上下), 내외(內外), 전후(前後), 좌우(左右)의 관계가 튼튼해야만 자체적으로 오래 안정을 유지하는 것이다.

만일 뿌리가 없으면 가지와 잎이 말라 죽고, 가지와 잎이 없으면 뿌리가 죽는 것이며, 위가 허약하면 날아가고 아래가 약하면 무너지며, 안이 없으면 쭈구러들고 밖이 없으면 터지며, 앞이 허약하면 앞으로 쓰러지고 뒤가 허약하면 뒤로 넘어지며, 왼쪽이 허약하면 왼쪽으로 기울고 오른쪽이 허약하면 오른쪽으로 쏠려서 불안하기 짝이 없는 것이다.

가정안정의 구조도 이와 같아서 부모조상이 뚜렷해야 뿌리가 확고한 것이요 자손이 번창해야 가지가 무성한 것이며, 나라의 지도자가 현명해야 위가 튼튼한 것이고 관청의 공무원이 유능해야 아래가 튼튼한 것이며, 아내가 정숙(貞淑)해야 속이 든든하고 남편이 건전해야 밖이 든든한 것이며, 형이 자애로워야 앞이 씩씩하고 아우가 공손해야 뒤가 씩씩하며, 친구가 서로 신의가 있어야 좌우의 양쪽이 활발한 것이다.

이와 같이 상생적(相生的) 대대관계(對待關係)를 양주쌍전주의(兩主雙全主義)라고 하는바 기능적으로는 모순대립적인 긴장관계에 있지만 구조적으로는 상호보완적인 협력관계에 있는 태극(太極)과 음양(陰陽)관계인데 곧 전체적으로는 하나이고 구체적으로는 둘인, 하나이면서 둘이요 둘이면서 하나인 오묘한 관계이다.

이와 같이 기능적 긴장관계로 인하여 서로의 독립적 자유와 평등을 유지하므로 공경하지 않을 수 없고, 구조적 협력관계로 인하여 서로의 화합적 질서와 평화를 창조하므로 사랑하지 않을 수 없는 것이니 여기에 이르러서는 모두 주인으로써의 권리와 의무를 가지는 것이다.

아버지는 큰주인(大主)이고 아들은 작은주인(小主)이며, 최고지도자는 위에 주인(主上)이고 행정공무원은 아래주인이니 주무(主務), 주사(主事), 주임(主任)이라고 하며, 아내는 안주인이요 지아비는 바깥주인이며, 어른은 앞에 주인이고 어린이는 뒤에 주인이며, 벗은 집주인이 주인이고 찾아간 사람이 빈객(賓客)이니 서로 평등한 관계이다. 이렇게 모두 인간의 독립적 주체성을 인정한 윤리관계는 양쪽이 모두 주인으로 자주자립해야만 온전하고 또 서로 짝을 지어야만 완전하기 때문에 나는 이러한 오묘한 구조를 양주쌍전주의라고 하였다.

어버이가 자녀를 모두 잃으면 독거(獨居)노인이 되고 자녀가 어버이를 여의면 고자(孤子)가 되는 것이며, 임금이 신하(臣下)를 잃으면 망국주(亡國主)가 되고 신하가 임금이 없으면 망국노(亡國奴)가 되는 것이며, 남편이 아내가 없으면 홀아비가 되고 아내가 남편이 죽으면 과부가 되는 것이며, 어른이 어린이가 따르지 않으면 못난이가 되고 어린이가 어른을 무시하여 멀리하면 호로(胡虜)자식이 되는 것이며, 붕우(朋友)가 없으면 외톨이가 되는 것이니 모두 고독하고 고달프고 쓸쓸하고 막가는 삶으로 완전한 인생이 못되는 것이다.

모름지기 어버이는 자녀를 낳지만 어버이의 운명은 자녀에게 매달린 것이고 임금이 신하를 선발하여 등용하지만 임금의 운명은 신하에게 매달린 것이며 남자와 여자가 배우자를 선택하여 혼인하지만 남편의 운명은 아내에게 매달려 있고 아내의 운명은 남편에게 매달려 있음을 깨달아 가족은 자기보다도 가족을 먼저 생각하고 위하는 것이 양주쌍전주의의 극치라고 하겠다.

③ 가정경영의 논리는 공동분수주의(共同分數主義)

가정의 경영도 하늘이 다스리는 원리와 법칙을 본받아야만 가장 쉽고 간단하면서도 능률적으로 사업을 성공할 수 있는 것이다.

황천상제(皇天上帝)는 만물의 생리(生理)와 생기(生氣)와 생의(生意)만을 북돋아 주고 균등한 시간과 먹을거리를 보장해서 각각 스스로 무궁하게 생장발전하도록 하면서 나름대로 세상에 기여함이 있게 한다. 이와 같이 사람이 자기의 생리에 따라 생기가 나서 살고 싶은 생각이 일어나도록 북돋아주고 균등한 시간과 먹을거리를 보장해서 각각 열심히 성장발전하면서 나름대로 가정에 기여함이 있는 것을 나는 공동분수주의(共同分數主義)라고 하였다.

공동분수주의는 가정공동체의 이념과 목적은 같으면서도 가족 각자의 사업과 방법은 다르게 하는 것이니 곧 공동의 이념과 목적을 다같이 추구하면서도 구성원의 나이와 위상과 능력을 배려하여 분수(分數)에 알맞은 사업과 방법을 자유롭게 선택할 수 있게 하는 것이다.

할아버지와 할머니는 집안의 어른으로서 가족의 보호를 받으면서 초연히 여생을 즐기고, 아버지는 가정의 지도자로써 가정의 이념과 목적을 뚜렷이 밝히고 예절을 엄수하며 어머니는 가재(家財)를 주관하는 책임자로써 창고와 금고의 열쇠를 보관하면서 수입과 지출을 조절하여 집안을 넉넉하게 만들며, 아들은 사농공상(士農工商)에 종사하여 재화를 생산해서 가계를 충당할 책임을 다하고 며느리는 부엌의 살림권을 맡아 가족을 먹이고 입히는 책임을 다하며, 손자와 손녀는 집안에서 놀면서 글을 배우고 행실을 닦는 것이니 각각 하는 일은 달라도 가족이 화목하고 건강하게 살려는 목적은 같은 것이다.

만일 집단사회주의의 획일주의로 가정을 경영하여 가정의 이념과 목적이 같다고 해서 그 사업과 방법까지 똑같이 일해서 함께 먹자고 하면 비능률의 극치로 생산성이 떨어져서 가난을 면치 못할 것이며, 역시 개인자본주의의 자유주의로 가정을 경영하여 가정의 이념과 목적을 무시하고 각각 자기의 사업과 방법에만 몰두하면서 따로 먹고 살자고 하면 비정하고 각박함의 극치로 만정이 떨어져서 원한이 사무칠 것이니 천벌을 면치 못할 것이다.

집단사회주의나 개인자본주의는 비상시의 국가경영에 일시적으로 도입하여 국난을 극복하는 방법이지 절대로 항구적으로 시행할 사상이 아니며 더욱이 가정에서는 절대로 도입해서는 안될 무서운 사상임을 알아야 된다. 집에는 지극히 존엄한 어버이가 계신데 어찌 감히 평등을 논하며, 가족은 모두 한 핏줄로 얽힌 한 몸인데 어찌 감히 자유를 논하며, 집안에는 생로병사(生老病死)가 계속되어 큰일을 준비하고 해결하는 과제가 항상 있는 것인데 어찌 감히 자기만의 해방을 논할 것인가

가정에 뜻이 없고 가족애가 메마른 사람들의 불평이라고 하더라도 너무 심하며 우리의 조상들은 가정에서 인간 본의를 찾고 인생의 보람을 찾았기 때문에 고통과 걱정 속에 오히려 자유가 없고 평등이 없고 해방이 없는 것을 더욱 즐겁게 여겼으니 이런 사람에게 현고(顯考)·현비(顯妣)·효자·효녀·효부·열녀로 표창하고 길이 추모하였던 것이다.

④ 가정의례는 인류문화건설의 초석

 가정의례는 곧 가례(家禮)이다, 가례(家禮)는 전통적인 집안의 행사로 거행하는 예식인데 성년식과 혼인식 그리고 상례(喪禮), 제례(祭禮)와 어른에게 술을 대접하는 향음주례(鄕飮酒禮)와 벗을 사귀는 사상견례(士相見禮) 등이다.

 이러한 예식을 거행하면 선비집 또는 양반집이라고 하여 일반인들이 흠모하여 본받는바 인류문화(人類文化)를 건설하는 준거집단(準據集團)으로 추앙하는 것이다. 그러나 여기에도 등급이 있어 가장 낮은 선비집으로부터 높은 군자가(君子家), 현인가(賢人家), 아주 높은 성인가(聖人家)의 구별이 있다. 반듯한 선비집은 은택(恩澤)이 샘처럼 솟고 집안 친척이 자랑하여 꿩처럼 사는 집이다. 꿩은 민가(民家)와는 적당한 거리를 두고 산과 들에 자생하면서 스스로 먹을거리를 해결하여 자주 독립하고 자률자치하면서 아름답고 고운 자태를 가꾸니 장끼는 그 깃털이 매우 아름답고 그 울음소리가 씩씩하며 활기차게 10년을 텃새로 산다.

 장중한 군자가(君子家)는 혜택(惠澤)이 강물처럼 흐르고 고을 사람이 존경하여 기러기처럼 사는 집이다. 기러기는 맑고 깨끗하고 따뜻한 산과 강을 찾아 집단으로 멀리 이동하는데 반드시 우두머리를 중심으로 질서를 지키고 암·수가 한번 짝을 지으면 그 지조를 끝까지 지키면서 100년을 평화롭게 산다.

 훌륭한 현인가(賢人家)는 공로(功勞)가 태양처럼 빛나고 나라 사람이 흠모하여 학(鶴)처럼 사는 집이다. 학은 기러기보다 큰 새로 깃털이 희고 날개 끝과 꼬리에 검은 깃이 있어 그 자태가 고결할 뿐만 아니라 새 중에서 가장 높고 멀리 날으며 떼지어 자유롭게 어울리면서도 평화로우며 죽은 것이나 썩은 것은 먹지 않고 속세에 오염되지 않은 경계에서 1000년을 산다.

거룩한 성인가(聖人家)는 덕(德)이 이슬처럼 그윽하고 천하사
람이 숭앙하여 봉황(鳳凰)처럼 사는 집이다. 봉황은 5색찬란한
깃털을 가진 새중에 으뜸으로 머리에는 덕(德)을 이고 목에는 의
(義)를 매달고 등에는 인(仁)을 지고, 배에는 신(信)을 넣고 날개
에는 예(禮)를 끼고 발에는 문(文)을 잡고 꼬리에는 무(武)를 매
달아 예천(醴泉)의 샘물과 죽실(竹實)을 먹고 벽오동나무의 가지
에 앉아 1만년을 살다가 때로 천하가 태평성대가 되면 세상에
나타나서 지상낙원임을 인증하는데 그러면 악독한 짐승과 곤충
들도 모두 감화되어 유순하게 변화하는 것이다.

이와 같이 한 집안의 덕화(德化)가 천하에 미치는 까닭에 자
고로 가정의례는 인류문화건설의 초석이라고 역설하였던 것이다.
그러나 가정에 윤리도덕을 지키지 않고 예절이 없으면 잘 살아
야 닭처럼 살고, 잘못 살면 까마귀나 까치처럼 살거나 아주 못
되면 독수리처럼 살게 되는 것이다.

닭은 이익을 추구하기 위하여 집에서 사람이 기르는 것인 즉
주인에게 모이를 얻어먹은 값으로 명랑하고 부지런하게 시간을
알려주고 알을 낳아 병아리를 기르며 제 밥값을 하지만 언제든
지 주인의 뜻에 따라 죽을 운명에 놓인 한시적인 존재일 뿐이다.

까마귀와 까치는 민가(民家) 주변을 맴돌며 아침 저녁으로 시
끄럽게 지저귀면서 싸움만 일삼고 볼품도 없는 것이 쓸모까지
없기 때문에 아무도 돌아보지 않는 것이다. 그리하여 말이 많은
집안은 장맛도 쓰다고 하였으며, 집에서 싸우는 소리가 담장을
넘어가면 집안이 망한다고 하였다.

독수리는 그 생김새도 포악하게 생겼거니와 그 먹는 것도 죽
어 썩은 것을 모두 먹으면서 약한 것이면 보이는 대로 해치기를
싫어하지 않으니 모두 피하여 상대하지 않으려고 숨어버리는 것

이다.

사람의 가정이 닭장 속에 갇힌 신세로 전락하거나, 까마귀·까치처럼 시끄러운 말싸움터로 변하거나, 독수리처럼 싹쓸이장이 된다면 이것은 오랑캐의 야속(野俗)으로 차라리 담장이 없는 집이 유리할 것이고 사람의 가정이 꿩처럼 지혜롭고, 기러기처럼 예절을 지키고, 학처럼 고결하고, 봉황처럼 어질다면 반드시 담장을 쳐서 세속의 오염된 유행을 방지해야 자체의 성역(聖域)을 길이 보존할 것이다.

이 세상에 가족보다 정답고 가정보다 편안한 곳은 없는 것이므로 가족을 소중하게 생각하고 가정을 신성하게 보호하면 반드시 조상으로부터 복을 받고 하늘의 보우(保佑)가 있어 융성하게 길이 발전함을 명심하여 아무리 세상이 바뀌고 사회가 어지러워도 씩씩하게 가족정신을 지키고 전통가정의례를 실천해서 아름다운 가풍을 길이 드날리기를 바란다.

2005. 3. 17.

동양문화연구소 소장 서 정 기 씀

머리말

가정의례는 생활문화의 정수요, 가족정신의 결정체이다. 정결한 물질에 숭고한 정신을 깃들이고 지극한 정성에 아름다운 절차를 갖추는 것은 참으로 훌륭한 가족생활이다. 성년식, 결혼식, 장례식, 제사, 벗 사귐, 술잔치 등의 여섯 가지 의례는 가정의 일상생활에서 누구나 거치고 사는 필수적인 의식이다.

어린이는 자라서 어른이 되니 성년식과 결혼식의 기쁨을 맞이하고, 삶에는 죽음이 없을 수 없으니 장례식의 슬픔을 당하며, 사람은 누구나 어버이와 조상이 있으니 제삿날의 감격이 일며, 믿는 벗과 어진 늙은이를 그리워하므로 찾아가고, 모셔오는 인사가 있는 것이다.

사람은 저마다 예법을 알면 자연스럽고 활발한 인격을 갖추고, 예법을 알지 못하면 단정할 수 없고 씩씩할 수 없다. 그러므로 나는 일반민중으로 하여금 쉽게 읽혀 잘 실행할 수 있도록 우리 정통 가정의례를 간략하게 간추려 우리말로 우리시대에 맞게 정리하였다. 이는 모든 민중이 빠짐없이 알고 써서 훌륭한 가풍을 세우도록 함에 있다. 사람마다 가정생활이 충실하면 사회가 건강하고 활달하여 민족문화가 숭고하게 발양되므로, 저절로 자주민족국가로서 융성하게 되는 것이다. 예법의 정신은 자연의 진리와 인간의 양심에 근원하므로 변질될 수 없는 것이나, 의례문화는 문명의 발달과 사회의 진보에 따라 변화하지 않을 수 없는 것이다. 옛날 봉건전제시대의 권위주의적 사회제도는 오늘의 민주시대 평등사회에 전혀 부합되지 않는 것이다. 하물며, 가정의례는 본래 형편대로 하는 것임에랴! 나는 예법의 현대화·민중화를 추구하여 가장 아름답고 가장 과학적인 구조로 정통문화를 재창조 하고자 하였다.

씩씩한 성년식과 순결한 결혼식, 엄숙한 장례식, 정성스런 제사, 진실 된 벗 사귐, 즐거운 술잔치는 모두 사람의 마음을 착하게 하고, 사회의 풍속을 두터이 하는 근원인즉, 이 간략하게 엮은 작은 책이 새로운 민주시대의 민족문화창달에 크게 이바지하길 바란다.

이에 삼가 동양문화연구논총 제6집으로 펴내면서, 민중유교연합의 우리말 제사축문 보급 운동과 함께 사계 여러분의 큰 성원이 있기를 바라는 바이며, 세계 속의 한국문화 건설에 또 하나의 새로운 계기가 되기를 희망한다.

단기 4322(서기 1989)년 8월 28일
동양문화연구소장 서정기 씀

차   례

제1편 여섯 가지 가정의례

제1장 성년식

제1절 성년식 절차

1. 손님맞이(迎賓)

성년식을 거행할 시간이 되면 주인(성년자의 아버지)이 손님(스승 또는 기관장)을 맞이하여 단상으로 올라가 주인은 동쪽, 손님은 서쪽에 선다.

2. 어른 옷 입힘(加冠)

성년자가 어른 옷을 입고, 단상에 올라가 중앙에 서쪽을 향하여 무릎을 꿇고 앉는다.

3. 축복 말씀(祝辭)

손님이 성년자 앞으로 다가가 축복의 말씀을 한다. "좋은 달 좋은 날, 처음 어른 옷을 입으니, 이제 유치한 생각을 버리고, 인격을 완성하면 길이 큰 복을 받으리라. 다시 말하건대 오늘부터 어른이 되었으니 몸과 마음을 아름답게 가지면 늙도록 행복하리라. 끝으로 당부하노니 가족이 화목하면 집안에 큰 경사가 있으리라." 라고 세 번 당부한다.

4. 하느님께 축원(醮)

손님이 술 한 잔을 들고 성년자에게 말하기를 "술이 맑고 향기로우니 절하고 받아 별님께 제사 드리고 그대의 양심을 지킴에 하느님의 보살핌을 받아 죽을 때까지 잊지 마시오."하면서 건네면 성년자는 절하고 받아 술잔을 높이 들어 별님께 축원하고 마신 후 내빈에게 절한다.

5. 애칭(字) 붙임

손님이 성년자에게 애칭(愛稱)을 붙여 주고, 축사하여 그 뜻을 풀어주며 길이 잊지 말라고 당부한다. 성년자가 다짐하기를 "제가 비록 똑똑하지 못하오나 경건히 받들어 지키오리다."라고 하면서 절한다. 손님이 내려온다.

6. 어버이께 뵈임

성년자가 어버이께 절하고, 조상님께 뵈이며, 친척 어른께 어른이 됨을 알리는 인사를 한다.

7. 손님 대접

주인과 성년자는 손님께 간소한 음식을 차려 대접한다.

제2절 성년식 축사

1. 성년식을 조상께 아뢰는 축문(성년식 3일 전에 거행)

"때는 바야흐로 ○년○월○일 효자 ○○는 감히 훌륭하신 옛

아버지와 훌륭하신 옛 어머니 ○○○씨께 밝게 사뢰나이다. ○○의 아들(딸) ○○가 나이 들어 장성하여 ○월○일에 성년식을 거행하렵니다.

삼가 술과 과일을 올리며, 경건한 말씀 이에 드립니다.”

2. 처음 축사

“좋은 달 좋은 날 처음 새 옷을 입었으니 의타심을 버리고 자립정신을 기르면 오래오래 살면서 큰 복을 맞으리라.”

3. 두 번 축사

“좋은 달 좋은 때 거듭 새 옷을 입었으니 몸가짐을 단정히 하고 인격을 기르면 오래오래 살면서 큰 복을 누리리라.”

4. 세 번 축사

“해도 좋고 달도 좋은 이 날에 어른 옷을 모두 입었으니 형제가 함께 착하게 살면 오래오래 큰 경사가 있으리라.”

5. 별님께 축원을 권하는 축사

“술이 맑고 향기로우니 절하고 받아 별님께 제사드리고 그대의 양심을 지킴에 하느님의 보살핌을 받아 죽을 때까지 잊지 마시오.”

6. 애칭(字) 축사

“성년식의 절차를 마치면서 좋은 달 좋은 날 그대의 애칭을 밝게 알리도다. 이 애칭은 아주 고우니 뛰어난 사람의 애칭으로 알맞도다. 의당 축복이 있을지니 길이길이 간직하소서.”

7. 성년자가 대답하는 말

"제가 비록 영민하지 못하오나 감히 아침저녁으로 공경하여 받들겠나이다."

8. 조상께 뵈이는 고사(告辭)

"○○의 아들(딸) ○○가 오늘 성년식을 거행하고 감히 뵈이나이다."

※ 성년식은 독립된 인격주체로 성장하였음을 공인하는 행사로 자기 변신을 통한 공동체 사회의 일원으로서 당당하게 거듭나는 인생의 중요한 계기인 것이다. 이로써 자기 구원을 이룩한 인간완성을 기함은 물론 타인 구원의 의무를 가진바 곧 가족 부양의 책임을 지는 것이다.

옛날에는 외형적인 옷이나 머리모양으로 어른과 어린이를 구별하였으나 오늘날의 의식은 언어와 행동의 어른다움에서 성년식의 가치를 찾아야 할 것이니, 주변 사람들의 각별한 어른 만들기 노력이 필요한 것이다.

제2장 결혼식

제1절 결혼식 절차

1. 떠보기(議婚)

사람을 가운데 놓아 상대방에게 혼인의 의사를 묻고, 쌍방의 뜻이 일치하면 당사자가 직접 맞선을 본다.

2. 어버이 승낙(納采)

뜻이 맞은 총각과 처녀는 각각 어버이에게 사실대로 아뢰고, 결혼 승낙을 받아서 자기의 생년월일과 건강진단서를 서로 교환한다.

3. 약혼(納幣)

두 집에서 서로 이의가 없으면 남자의 아버지가 여자의 부모에게 혼인약속의 뜻으로 함을 보내서 정식으로 혼인을 요청한다. 이때 함에는 혼서(婚書)를 같이 보내고, 혼인선물(幣帛)은 가정형편에 따라 비단치마 저고릿감으로부터 적으면 두어 가지, 많아도 10가지 이내로 보낸다. 오늘날 있는 집안에서는 반지, 귀고리, 시계 등을 보내는데, 지나친 사치나 재물을 앞세우는 것은 미풍양속을 해치게 되므로 사회적 도덕성을 생각하여 건전한 새 출발의 길을 열어야 한다.

4. 결혼식(親迎)

신부 집에서 결혼 날짜를 받아 통지하면 두 집안은 여러 일가 친지가 모인 자리에서 신랑이 신부를 맞이하여, 서로 맞절(相見禮)을 하고 혼인서약을 하여 부부가 되기를 맹세하면 혼인이 이루어진다. 이에 성혼선언을 하고, 별님에게 앞날의 축복을 빌면 혼인식을 마치고 잔치를 한다.

5. 신부 맞이(幣帛)

결혼한 다음, 신부는 시부모님을 처음 뵙는 인사를 하고, 술과 고기를 드리며, 시부모는 새며느리에게 집안의 내력과 현실을 알려 당부한다.

6. 사위 맞이(覲親)

결혼한 지 3일이 되면, 신랑은 신부와 함께 처가에 가서 장인 장모에게 처음 뵙는 인사를 하고, 술과 고기를 드리며 간절한 당부의 말씀을 듣는다. 이로써 집에 돌아오면 결혼 절차를 모두 마치고 정상생활을 시작한다.

제2절 우리말 결혼식 서식

1. 약혼 서식(47쪽 그림표)
2. 혼서식(婚書式)(47쪽 그림표)
3. 결혼 청첩장(49쪽 그림표)
4. 결혼축의금 서식(49쪽 그림표)

1. 약혼서식

<table>
<tr><td colspan="5" align="center">약　　혼　　서</td></tr>
<tr><td rowspan="2">남자</td><td>성명</td><td></td><td>생년월일</td><td></td></tr>
<tr><td>주소</td><td colspan="3"></td></tr>
<tr><td rowspan="2">여자</td><td>성명</td><td></td><td>생년월일</td><td></td></tr>
<tr><td>주소</td><td colspan="3"></td></tr>
<tr><td colspan="5">　위의 두 사람은 결혼하기로 약속하면서 이에 본인의 건강 진단서와 호적등본을 교환합니다.

　　　　　　　　　　○년　○월　○일
　　　　　　　　동의자　(남자쪽) ○ ○ ○ ㊞
　　　　　　　　　　　　(여자쪽) ○ ○ ○ ㊞</td></tr>
</table>

2. 혼서식(婚書式)　　　　　　<내용>

<table>
<tr><td>

　○○○선생 귀하

　　때는 바야흐로 ○○철이온데 존체 다복하신지요. 저의 ○째 아들 ○○가 이미 나이가 들어 다 컸으나 아직 배필이 없더니 귀하의 고운 따님을 인자하시게도 그 아내로 허락하여 주셨습니다.

　　이에 전통의 혼례절차가 있으므로 삼가 약혼의 의식을 행하오니 갖추지 못합니다만, 귀하의 밝은 가르침을 엎드려 바라면서 삼가 절하고 올리나이다.

　　　　　　　　○년　○월　○일
　　　○○(본관) ○○○(성명)삼가 절 드림.

</td></tr>
</table>

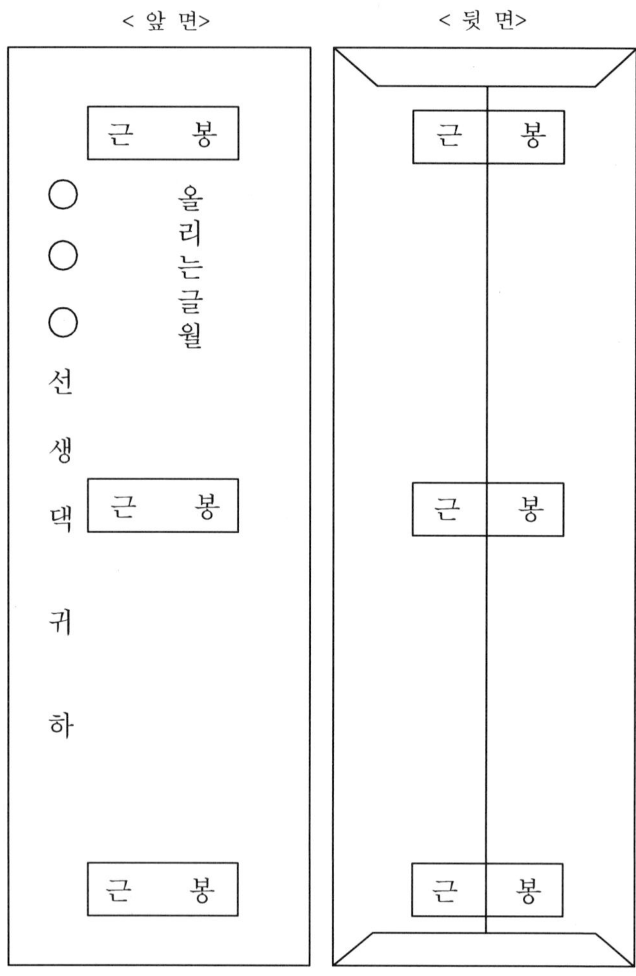

< 앞 면>
근   봉
올리는글월
선생댁 귀하
근   봉
근   봉
< 뒷 면>
근   봉
근   봉
근   봉

3. 결혼청첩장

결 혼 청 첩 장

○ ○○님의 ○째 아들 ○○군
○ ○○님의 ○째 딸 ○○양

위 두 사람의 혼례식을 다음과 같이 거행하오니 부디 오셔서 신랑신부의 밝은 앞길을 축복하여 주시옵기 삼가 바라나이다.

일시: ○년 ○월 ○일 ○시
장소: ○○시 ○○구 ○○동 ○번지
전화: ○○○－○○○○

초청인 ○ ○○

(초청인은 친족대표나 우인대표로 한다)

○ ○ ○ 내외분 귀하

4. 결혼축의금 서식　　　　　　　〈내용서식〉

꽃다운 결혼을 축복합니다.

금 ○○○ 원정

○년 ○월 ○일

○ ○○ 드림

신랑(또는 신부) 혼사댁 귀하

<봉투서식>

○ ○ ○ 드림

축 꽃다운 결혼

○○혼사댁 귀하

제3절 정통 혼례식 순서

1. 신랑이 신부를 맞이하러 감

혼인날 아침, 신랑의 아버지는 조상님께 아들의 혼사를 아뢰고, 아들에게 술 한 잔을 주며 축복하면서 신부를 맞이하여 오라고 명령하면 신랑은 말을 타고 일행과 함께 신부집으로 간다.

2. 신부의 아버지가 신랑을 맞아들임

신랑이 대문 밖에 도착하면 신부의 아버지가 조상님께 딸의 결혼을 아뢰고 딸에게 술 한 잔을 주며 축복하면서 시집가라고 명령한다.

3. 기러기 바침(奠雁)

신부의 아버지가 대문 밖으로 나가 사위를 맞이하여 마당 가운데로 와서 선다. 신랑은 기러기를 소반 위에 올려놓고 북쪽을 향하여 두 번 절하면서 절개를 지킬 것을 서약한다.

4. 가마 타고 시집 감

신부가 나와서 가마에 오르면 신랑은 말을 타고 신부를 데리고 집으로 돌아간다.

5. 처음 보는 맞절(相見禮)

신랑은 자기 집에 와서 신부를 혼례식장으로 안내하여 초례상을 중심으로 신랑은 동쪽, 신부는 서쪽 자리에 서로 마주선다. 신랑은 남쪽 대야, 신부는 북쪽 대야에서 각각 손을 씻고 처음 보는 맞절을 함에 신부가 먼저 1배하면 신랑이 1배하고 신부가 또 1배하면 신랑이 또 1배하여 서로 똑같이 2배씩 교배(交拜)를 한다.

6. 기쁨의 술(合歡酒)을 권함

신랑이 신부에게 앉기를 권하여 다같이 그 자리에 앉는다. 집사가 술 한 잔을 신랑에게 주면 신랑은 술잔을 받아 땅에 조금 부어 고수레를 하고, 다 마신 다음 고기 한 점을 먹는다. 이어 신랑이 그 잔에 술을 쳐서 신부에게 권하면 신부가 고수레를 아니 하고, 그대로 마시어 기쁜 마음으로 결혼한다는 뜻을 표한다.

7. 하나됨의 술

한 쌍의 표주박을 신랑, 신부에게 나누어 주고 술을 쳐서 신랑신부가 표주박을 서로 바꾼 다음, 둘이 하나 되는 뜻으로 함께 마신다.

8. 식을 마침

이로써, 식을 마치고 신랑신부는 자리에서 일어나 방으로 들어간다. 이어 신랑 아버지는 잔치를 베풀어 손님을 대접한다.

※ 이날 밤, 양가에서는 청사초롱을 밤새도록 밝히어 동방화촉의 신방을 꾸미고, 그 다음날 아침에 시부모님을 뵙고 폐백 드리고, 3일 후에 신혼부부가 친정에 가서 장인장모께 인사드린다.

제3장 장례식

제1절 상례 절차

1. 모시고 숨거둠(臨終)

병환이 위독하면 큰 방으로 모셔 환자의 머리를 동쪽으로 향하게 눕히고 안정하면서 자손이 곁에서 간호하다가 숨을 거두면 다 함께 운다.

2. 얼 부름(招魂)

일을 돌봐주는 사람이 죽은 이의 웃옷을 가지고 현관 지붕에 올라가 북쪽을 향하여 옷을 흔들면서 "아무개(죽은 분의 성명)님은 돌아오시오"라고 세 번 외친 다음 그 옷을 말아 내려와 시신의 머리를 남쪽으로 향하게 하고 주검 위에 덮는다.

3. 초상집 주인(喪主)

돌아간 분의 큰 아들, 큰 며느리로 초상집 주인을 정한다. 큰 아들이 죽었으면 큰 손자를 세워 상례와 장례의 모든 일을 주관하게 한다. 큰 아들, 큰 손자가 없으면 아버지나 큰 며느리가 주관한다.

4. 초상집 보호자(護喪)

초상집 주인은 초상집을 보호할 믿음직한 사람을 뽑아 그 책임을 맡기고 밤낮으로 모든 일을 빠짐없이 돌보게 한다. 초상집 보호자는 즉시 총무, 의전, 경리, 치산 등의 일을 분담하여 주고, 널을 마련하며, 장지를 골라서 죽음을 알리는 소식(訃告)을 전하게 한다.

5. 저승옷 입힘(襲)

초상집 책임자들은 사망한 당일에 저승옷이 마련되면 주검을 목욕시키고, 알콜 솜으로 소독하여 바지저고리와 버선, 두루마기 등 저승옷을 입힌 다음 향을 피워 술을 올리고 자손이 함께 운다. 이어, 쌀을 씻어 세 순가락을 입안에 떠넣고, 동전 3개를 넣어서 반함(飯含)을 마치면 홑이불로 덮는다. 이어 영좌(靈座)와 혼백(魂帛) 및 명정을 제작한다.

6. 조상꾼 받음(弔喪)

죽은 이의 본관과 이름을 새긴 주검 깃발(銘旌)이 완성되면 병풍을 쳐서 걸고, 영정을 제삿상 위에 모시고 향을 피운다. 이로부터 가까운 친지와 친구의 조문을 차례로 받는다.

7. 베로 묶음(小斂)

돌아간 다음날 일꾼은 베와 홑이불로 주검을 거두어 칠성판에 안치한다. 이 때 자손과 친척은 주검을 붙들고 운다. 다 마치면 상을 차려 술을 올리고 아침저녁으로 메를 올린다.

8. 널에 듦(大斂)

셋째날 일꾼은 주검을 거두어 묶고, 널에 안치하여 주검이 흔들리지 않도록 옷(화학제품 옷은 삼가한다)으로 널 속에 채운다.

9. 상복 입음(成服祭)

널 뚜껑을 덮어 묶은 다음 관(棺)을 조금 서쪽으로 옮기고 널의 동쪽에 영위(靈位)를 설치하여 제상을 차리고 슬피 운 다음 각각 상복을 입고 술을 올린다.

제2절 상례 서식

돌아감을 알림(訃告) 서식

돌아감을 알림

○○(상주이름)의 훌륭하신 옛 ○○(직함 또는 아호)아버지○○○(본관 성씨)공○○님께서 ○월 ○일 ○시 병환으로 자택에서 별세하였기에 이렇게 돌아가심을 알리나이다.

영결일시: ○년 ○월 ○일 ○시
발인장소: ○시 ○구 ○동 ○번지
장   지: ○도 ○군 ○면 ○리 ○산
　　　아 들　　○○
　　　며느리 ○ ○○
　　　　딸　　　○○
　　　사 위 ○ ○○
　　　손 자　　○○

　　　　　　　　　초상집 보호자 ○ ○○올림
　　　　　　　　　(연락전화 ○○○-○○○○)

○ ○○ 귀하

※ 직함은 사회적인 공직이름이나 아호, 당호를 쓰며, 어머니의 경
  우는 '아버지'를 어머니로 바꾸고 '공'을 "씨"로 바꾸며 할아버
  지, 할머니, 남편, 아내, 아들, 딸의 경우도 관계대로 쓰고 다만
  남자는 '공'이라고 쓰고, 여자는 '씨'라고 쓴다. '병환'은 노인은
  노환, 젊은이는 숙환, 갑작스런 병은 급환, 사고는 사고라고 쓰
  며, 자택, 병원, 직장 객지면 사실대로 쓴다.

조의금 서식

<내용>   <겉봉>

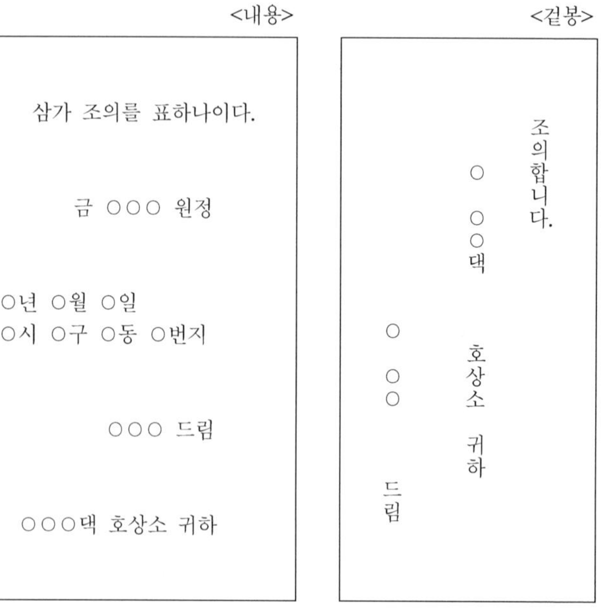

제3절 베로 염하는(小殮) 법

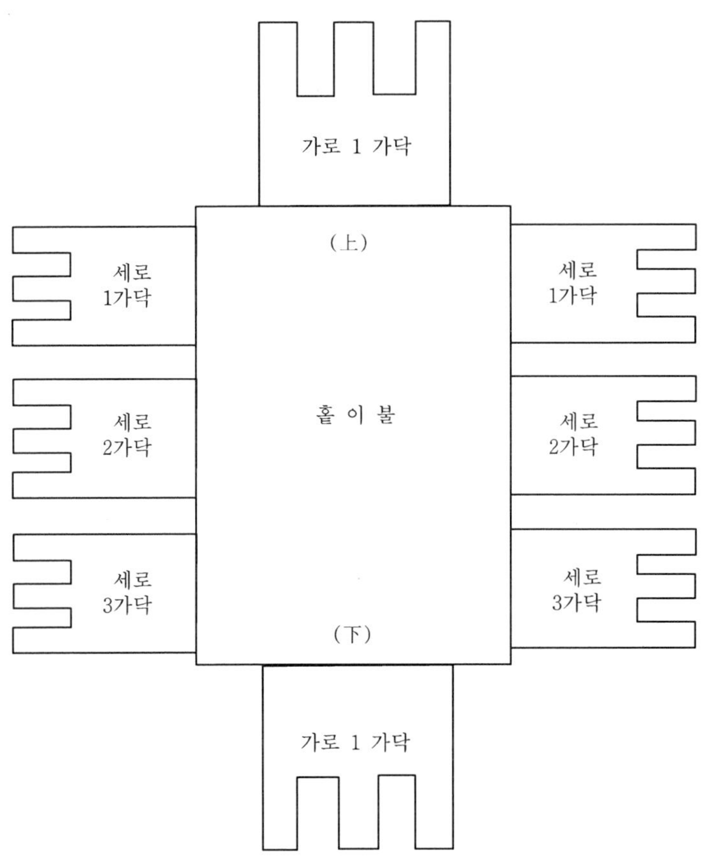

1. 베로 묶는 법

먼저 칠성판을 바닥에 놓고 세로 3가닥을 그 위에 세로로 깔고, 가로가닥을 그 위에 가로로 깐다. 다음, 그 위에 홑이불을 가운데에 펴고 준비가 끝나면 주검(시신)을 옮겨 반듯이 눕히고 머리 밑에 옷가지를 접어 넣어 움직이지 않게 하며, 목이나 다리 사이에도 옷가지를 끼워 고정시킨다. 다음 왼쪽 깃이 속으로 가게 홑이불을 덮어서 유가족이 수시로 볼 수 있게 하여 가닥을 묶지 않고 모아 두었다가 널에 드는(入棺)날 거두어 묶는다.

2. 관에 드는 날

베로 묶는 법은 발끝부터 이불폭을 먼저 덮고, 머리를 덮으며, 왼쪽을 덮고 끝으로 오른쪽을 덮는다. 가닥은 가로 가닥을 먼저 매고, 세로 가닥은 세로 3가닥 끝부터 맨 다음, 세로 1가닥 위부터 매고서 끝으로 세로 2가닥을 맨다.

3. 널에 듦(大斂)

널 속에 하얀 종이를 베로 묶을(小斂) 때처럼 차례로 깔아 모시고, 다음 종이를 접어 넣고 널 뚜껑을 덮는다.

4. 가닥을 묶는 법

양쪽가닥을 맞당기어 한 끝을 꼭 잡고 다른 한 끝을 외로 감아 끼운다. 이것은 혹시 살아날 때를 가상하여 시신이 움직이면 저절로 풀리도록 함이다.

5. 널

상례에서 가장 중요한 것은 널이다. 다른 비용을 절약해서라도 질이 좋고, 튼튼한 널을 골라서 오래도록 썩지 않고 보존되게 유의하여야 한다.

제4절 장례 절차

1. 영결식(永訣式)

장례날 아침에 상을 차려 술을 올리며 영결식을 아뢰는 말씀(永訣式告辭)을 드리고, 주검 깃발을 널에 덮는다.

2. 상여나감(發靷式)

출발시각이 되면 일꾼이 널을 옮겨 상여에 시신의 머리를 상여의 후방으로 향하여 안치한다. 이에 일가친척이 모두 함께 모여서, 제상을 차려 술을 올리고 상여가 나감을 아뢰는 말씀(遣奠告辭)을 드리고 운다. 식을 마치면 상여가 천천히 출발하여 장지로 향하고 자손은 울고, 친척·친지·이웃은 차례로 그 뒤를 따른다.

3. 널 묻음(下棺)

상여가 무덤 파놓은 곳(葬地)에 이르면 무덤 아래에 상여를 멈추고 널을 내려 모시고 향을 피운다. 묻을 시각이 되면 일꾼이 널을 옮겨 무덤에 시신의 머리를 북쪽으로 향하여 안장한다. 자손과 친척은 슬피 울고, 초상집 주인이 흙을 조금 떠서 널 위에 놓으면 일꾼이 흙으로 묻어 무덤을 만든다.

4. 얼틀 모심(平土祭)

무덤이 편평하게 완성되면 일을 쉬게 하고, 제삿상을 차려 얼틀(영정)을 모시고 평토제를 거행한 다음 자손과 친척은 얼틀을 모시고 집으로 돌아오고, 일꾼은 다시 무덤을 완전히 만든다.

5. 처음 걱정(初虞)

자손이 집에 돌아와 모두 목욕하고, 얼틀을 상에 모신 후 처음 걱정하는 제사를 거행한다.

6. 두 번 걱정(再虞)

장례 다음날 아침에 두 번 걱정하는 제사를 지낸다.

7. 세 번 걱정(三虞)

3일째 되는 날 아침에 세 번 걱정하는 제사를 지내고 산소에 가서 절한다.

8. 울음 그침(卒哭)

돌아가신 지 3개월이 되면 울음을 그친다는 뜻으로 제사를 지낸다. 이후로는 조석상식(朝夕上食)을 그치고 초하루와 보름날 아침에만 술과 밥을 올린다.

9. 작은 얼너기(小祥)

돌아가신 지 1주기가 되는 날 슬픔을 극복하고 조금 얼넀을 찾았다는 뜻으로 상복을 빨아 입고 소상제사를 지낸다.

10. 큰 얼너기(大祥)

돌아가신 지 2주기가 되는 날 자녀가 모두 정상생활로 돌아간다는 뜻으로 3년상의 복을 벗고 대상제사를 지낸다.

※ 전통의례에서는 울음 그침(卒哭) 때까지는 아침저녁상을 올리고

큰 얼너기(大祥) 때까지는 초하루 보름 상식을 하였다. 오늘날 산업사회에서는 엄격한 상기를 지키기 어려운 실정이므로 100일 탈상하는 예도 있으나, 형편에 따라 기일 안에 탈상을 한다고 하여도 마음속으로 경계하고 조심하여 추도하는 마음 얼너기(心喪)를 기일까지 지켜야만 또한 한을 남기지 않을 것이다.

훌륭하신 옛 ○○ (직함) ○○○ 님의 널

훌륭하신 옛 ○○ (직함) 아버지얼내림자리

훌륭하신옛 ○○ 어머니 ○○○ 씨 얼내림자리

제5절 우리말 만사 쓰는 법

만사(輓詞·輓章) 예문

○뜨락을 거닐던 신선 보이지 않거니

　　하늘나라에서 꽃놀이 하시는가

○인생이 무상타고 말하지 마소

　　　　푸른 산에 바람 달 일만 년이라오

○오늘 아침 상둣소리 탄식도 길거니

　　　　강산도 말없이 흐느끼도다

○어이 가리 어이 가리

　　　　정붙이 두고 어이 가리

○그 누가 인생을 허무하다고 말하나

　　　　맑은 얼 힘찬 넋 길이 빛나도다.

○부엌에 서리던 용 여의주 물었는지

　　　　구만리 공중으로 솟구쳐 오르도다

○쓸쓸한 이 길을 눈물로 가거니

　　　　외로운 홀아비 노래도 슬퍼라

○처량한 비바람에 구슬픈 소식

　　　　피눈물만 줄줄 말 못하겠네

○백년 살자던 그때의 언약

　　　　어이하여 먼저 깨고 떠나가시오

○금이야 옥이야 귀염쟁이

　　　　꿈에라도 자주 만나련가

○꿈같은 한세상 모두 보았거니

　　　　저승길을 편안히 가시옵소서

○한많은 이세상 어찌 말하리

　　　　주검깃발에 얼넋 휘날리도다

○나라사랑 민중걱정 흰머리요

　　　　높은 뜻 착한마음 고운 몸이어라

○이름은 청사에 이미 올랐거니

　　　　얼넋을 하늘땅에 아울렀도다

○청운의 꿈을 불태웠거니

　　　흘러간 세월 자취 남으리

○모이고 헤어짐 셈하여 있거늘

　　　가고 옴을 어찌 멈추리

○아득히 동서남북 캄캄한 세상

　　　봄 여름 가을 겨울 쓸쓸한 세월

○한많은 이세상 눈물도 많거니

　　　저세상 극락에 근심 잊으소서

○아련히 지나온 길 몇 고개였나

　　　마지막 떠나는 길 모두 새로워라

○살아선 하루도 즐거움 없더니

　　　죽어선 천만년 이름 빛나리

○부지런하고 삼가하신 고귀한 평생

　　　값지고 보람찬 뒷날 경사 있으리

제6절 상여 나가는 순서

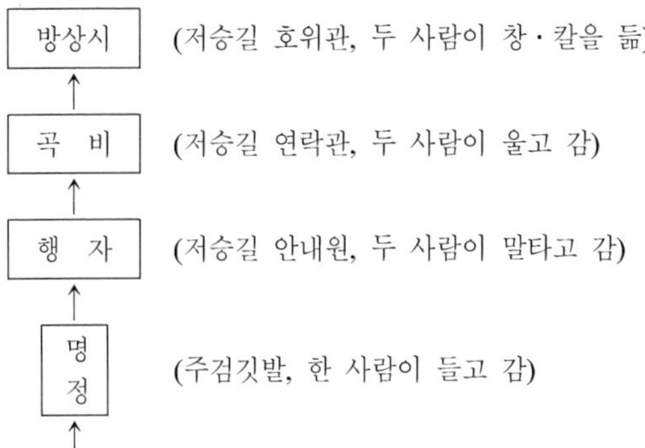

방상시　(저승길 호위관, 두 사람이 창·칼을 듦)

곡 비　(저승길 연락관, 두 사람이 울고 감)

행 자　(저승길 안내원, 두 사람이 말타고 감)

명정　(주검깃발, 한 사람이 들고 감)

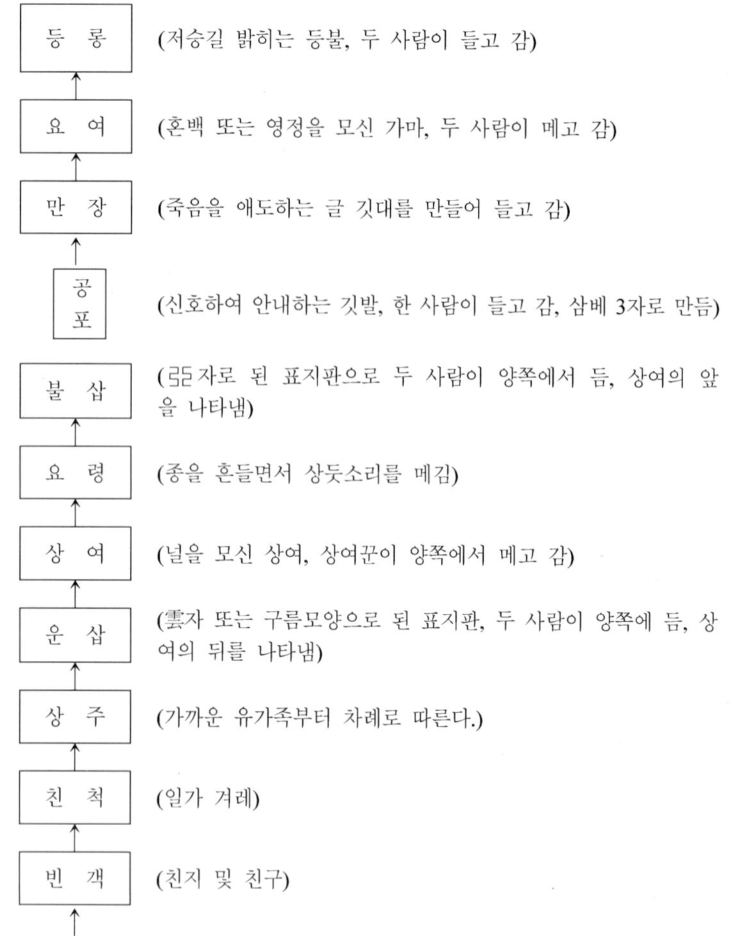

※ 초상집 보호자(護喪)는 일정한 자리 없이 전체를 지휘함.

　도중에 슬프면 울고, 장지가 멀면 영좌를 상여 앞에 설치하고 끼니때마다 메를 올리며 밤에는 유가족이 상여를 지킨다. 상여는 가운데 길로 곧장 나가며 모든 사람은 길을 비켜주는 것이다.

※ 형편에 따라 절차에 구애됨이 없이 합리적으로 진행하여도 무방하다.

제7절 상여노래

상여가 집을 떠나면서 부른다. 앞소리는 요령잡이가
메기고, 뒷소리는 상여꾼이 받는다. 상여가 집을 나감
에 3보(步) 마다 한 번 멈추기를 세 번 하고 떠나니
가락을 거기에 맞추면 된다.

널 널 널이야 널, 널 나간다 널이야 널
       널널널이야 널, 널나간다 널이야 널

떠나가네 떠나가, 우리집을 떠나가네
       널널널이야 널, 널나간다 널이야 널

나간다고 서러 말고, 살림살이 잘해주소
       널널널이야 널, 널나간다 널이야 널

불쌍하다 불쌍하다, 초상집 주인 불쌍하다.
       널널널이야 널, 널나간다 널이야 널

떠나간다 떠나간다, 이세상을 떠나간다.
       널널널이야 널, 널나간다 널이야 널

널 널 널이야 널, 널나간다 널이야 널
       널널널이야 널, 널나간다 널이야 널

이제가면 언제 오나, 다시 못을 길이라네
       널널널이야 널, 널나간다 널이야 널

잘있어요 잘있어요, 옛사람들 잘 있어요
　　　　널널널이야 널, 널나간다 널이야 널

막지 마소 막지 마소, 저승길을 막지마소
　　　　널널널이야 널, 널나간다 널이야 널

널 널 널이야 널, 널나간다 널이야 널
　　　　널널널이야 널, 널나간다 널이야 널

인생한번 죽어지면, 황천백골 되는 것을
　　　　널널널이야 널, 널나간다 널이야 널

마지막 가는 길에, 큰 길로 바로 가세
　　　　널널널이야 널, 널나간다 널이야 널

편히가세 편히가세, 하늘나라 편히가세
　　　　널널널이야 널, 널나간다 널이야 널

널 널 널이야 널, 널나간다 널이야 널
　　　　널널널이야 널, 널나간다 널이야 널

상두꾼아 상두꾼아, 발맞추게 발맞추게
　　　　널널널이야 널, 널나간다 널이야 널

잘도하네 잘도하네, 우리 상두꾼 잘도하네
　　　　널널널이야 널, 널나간다 널이야 널

저승길이 멀다해도, 건너 산이 저승일세
      널널널이야 널, 널나간다 널이야 널

무덤 앞 넓은 뜰에, 떡도 있고 술도 있네
      널널널이야 널, 널나간다 널이야 널

널 널 널이야 널, 널나간다 널이야 널
      널널널이야 널, 널나간다 널이야 널

※ 이 노래는 요령잡이의 노래를 통하여 죽은 영혼의 뜻을 대변하
는 넋두리로서 미련 없이 이승을 떠나가는 심경을 그린 것이다.

제8절 상여놀이가락

상여가 마을 앞을 떠나면서 한번 놀 때 부른다. 앞소
리는 요령잡이가 부르고, 뒷소리는 상두꾼이 받는다.

얼놀이 얼놀이 어이 가리 얼놀이
      얼놀이 얼놀이 어이 가리 얼놀이

높은 하늘 넓은 땅, 사람밖에 또 있는가
      얼놀이 얼놀이 어이 가리 얼놀이

밝은 이승 어둔 저승, 얼넋밖에 또 있는가
      얼놀이 얼놀이 어이 가리 얼놀이

놀고 가세 놀고 가세, 얼넋이나 놀고 가세
　　　얼놀이 얼놀이 어이 가리 얼놀이

얼 부르고 넋 찾아, 한 마당 놀아보세
　　　얼놀이 얼놀이 어이 가리 얼놀이

얼놀이 얼놀이 어이 가리 얼놀이
　　　얼놀이 얼놀이 어이 가리 얼놀이

아침 해 저녁 달, 오늘밖에 또 있는가
　　　얼놀이 얼놀이 어이 가리 얼놀이

산 사람 죽은 혼백, 얼넋밖에 또 있는가
　　　얼놀이 얼놀이 어이 가리 얼놀이

놀고 가세 놀고 가세, 얼넋이나 놀고 가세
　　　얼놀이 얼놀이 어이 가리 얼놀이

얼 부르고 넋 찾아, 두 마당 놀아보세
　　　얼놀이 얼놀이 어이 가리 얼놀이

얼놀이 얼놀이 어이 가리 얼놀이
　　　얼놀이 얼놀이 어이 가리 얼놀이

푸른 산 맑은 물, 바람밖에 또 있는가
　　　얼놀이 얼놀이 어이 가리 얼놀이

옛 산길 새 무덤, 얼넋밖에 또 있는가
　　　　얼놀이 얼놀이 어이 가리 얼놀이

놀고 가세 놀고 가세 얼넋이나 놀고 가세
　　　　얼놀이 얼놀이 어이 가리 얼놀이

얼 부르고 넋 찾아, 세 마당 놀아 보세
　　　　얼놀이 얼놀이 어이 가리 얼놀이

얼놀이 얼놀이 어이 가리 얼놀이
　　　　얼놀이 얼놀이 어이 가리 얼놀이

이세상에 남긴 흔적, 핏줄밖에 또 있는가
　　　　얼놀이 얼놀이 어이 가리 얼놀이

맑은 정신 깨끗한 몸, 얼넋밖에 또 있는가
　　　　얼놀이 얼놀이 어이 가리 얼놀이

놀고 가세 놀고 가세 얼넋이나 놀고 가세
　　　　얼놀이 얼놀이 어이 가리 얼놀이

얼 부르고 넋 찾아, 네 마당 놀아보세
　　　　얼놀이 얼놀이 어이 가리 얼놀이

얼놀이 얼놀이 어이 가리 얼놀이
　　　　얼놀이 얼놀이 어이 가리 얼놀이

백 년 인생 살고나면, 주검밖에 또 있는가
　　　　　얼놀이 얼놀이 어이 가리 얼놀이

상여노래 슬픈 가락, 얼넋밖에 또 있는가
　　　　　얼놀이 얼놀이 어이 가리 얼놀이

놀고 가세 놀고 가세 얼넋이나 놀고 가세
　　　　　얼놀이 얼놀이 어이 가리 얼놀이

얼 부르고 넋 찾아, 다섯 마당 놀아보세
　　　　　얼놀이 얼놀이 어이 가리 얼놀이

얼놀이 얼놀이 어이 가리 얼놀이
　　　　　얼놀이 얼놀이 어이 가리 얼놀이

하늘나라 올라가면, 조상밖에 또 있는가
　　　　　얼놀이 얼놀이 어이 가리 얼놀이

하나로 돌아감에, 얼넋밖에 또 있는가
　　　　　얼놀이 얼놀이 어이 가리 얼놀이

놀고 가세 놀고 가세 얼넋이나 놀고 가세
　　　　　얼놀이 얼놀이 어이 가리 얼놀이

얼 부르고 넋 찾아, 여섯 마당 놀아보세
　　　　　얼놀이 얼놀이 어이 가리 얼놀이

얼놀이 얼놀이 어이 가리 얼놀이
      얼놀이 얼놀이 어이 가리 얼놀이

빈손으로 떠나는 손, 자손밖에 또 있는가
      얼놀이 얼놀이 어이 가리 얼놀이

참세상에 드는 문, 얼넋밖에 또 있는가
      얼놀이 얼놀이 어이 가리 얼놀이

놀고 가세 놀고 가세 얼넋이나 놀고 가세
      얼놀이 얼놀이 어이 가리 얼놀이

얼 부르고 넋 찾아, 일곱 마당 놀아보세
      얼놀이 얼놀이 어이 가리 얼놀이

얼놀이 얼놀이 어이 가리 얼놀이
      얼놀이 얼놀이 어이 가리 얼놀이

한 번 가면 못오는 것, 목숨밖에 또 있는가
      얼놀이 얼놀이 어이 가리 얼놀이

영원히 사는 건, 얼넋밖에 또 있는가
      얼놀이 얼놀이 어이 가리 얼놀이

놀고 가세 놀고 가세 얼넋이나 놀고 가세
      얼놀이 얼놀이 어이 가리 얼놀이

얼 부르고 넋 찾아, 여덟 마당 놀아보세
　　　　　얼놀이 얼놀이 어이 가리 얼놀이

얼놀이 얼놀이 어이 가리 얼놀이
　　　　　얼놀이 얼놀이 어이 가리 얼놀이

황천에 들고나면, 백골밖에 또 있는가
　　　　　얼놀이 얼놀이 어이 가리 얼놀이

썩지 않고 빛나는 건, 얼넋밖에 또 있는가
　　　　　얼놀이 얼놀이 어이 가리 얼놀이

놀고 가세 놀고 가세 얼넋이나 놀고 가세
　　　　　얼놀이 얼놀이 어이 가리 얼놀이

얼 부르고 넋 찾아, 아홉 마당 놀아보세
　　　　　얼놀이 얼놀이 어이 가리 얼놀이

얼놀이 얼놀이 어이 가리 얼놀이
　　　　　얼놀이 얼놀이 어이 가리 얼놀이

땅 속에 즐거움, 제사밖에 또 있는가
　　　　　얼놀이 얼놀이 어이 가리 얼놀이

온 누리 가득한 건, 얼넋밖에 또 있는가
　　　　　얼놀이 얼놀이 어이 가리 얼놀이

놀고 가세 놀고 가세 얼넋이나 놀고 가세
　　　　얼놀이 얼놀이 어이 가리 얼놀이

얼 부르고 넋 찾아, 열마당 놀아보세
　　　　얼놀이 얼놀이 어이 가리 얼놀이

얼놀이 얼눌이 어이 가리 얼놀이
　　　　얼놀이 얼놀이 어이 가리 얼놀이

하루 길 구만 리, 밥술밖에 또 있는가
　　　　얼놀이 얼놀이 어이 가리 얼놀이

열두 마당 긴긴 노래, 얼넋밖에 또 있는가
　　　　얼놀이 얼놀이 어이 가리 얼놀이

놀고 가세 놀고 가세, 얼넋이나 놀고 가세
　　　　얼놀이 얼놀이 어이 가리 얼놀이

얼 부르고 넋 찾아, 열한 마당 놀아보세
　　　　얼놀이 얼놀이 어이 가리 얼놀이

얼놀이 얼놀이 어이 가리 얼놀이
　　　　얼놀이 얼놀이 어이 가리 얼놀이

말없이 가는 곳, 무덤 밖에 또 있는가
　　　　얼놀이 얼놀이 어이 가리 얼놀이

공중에 솟구친 혼, 얼넋밖에 또 있는가
　　　　얼놀이 얼놀이 어이 가리 얼놀이

놀고 가세 놀고 가세, 얼넋이나 놀고 가세
　　　　얼놀이 얼놀이 어이 가리 얼놀이

얼 부르고 넋 찾아, 열두 마당 놀아보세
　　　　얼놀이 얼놀이 어이 가리 얼놀이

※ 이 노래는 상여꾼이 마지막 가는 영혼을 차마 그냥 보내지 못하여 얼넋이나마 즐겁게 해주어서 달래고자 하는 깊은 인정을 표시하였다.

제9절 널 묻음(下棺) 순서

1. 장지에 이름

상여가 장지에 이르면 상여를 무덤 앞에 멈추고 영위를 설치한다.

2. 터울림

방상시가 창으로 무덤 사방을 내려쳐서 잡귀를 내쫓는다.

3. 널을 내림

상여에서 널을 내려 자리에 안치하고 주검 깃발을 세운다. 혼백을 영위에 모셔 향 피우고 술을 올리며 운다.

4. 무덤 속 다듬기

무덤 속을 깨끗이 다듬어 널이 들어갈 자리에 석회를 바르고 종이로 깨끗이 깐다.

5. 널 묻음(下棺)

시간이 되면 일꾼이 널줄을 널 밑에 끼워 널을 옮겨 조심스럽게 무덤 판 자리로 와서 양쪽으로 널을 등지며, 널줄을 어깨에 메고 선다. 일제히 '와 어허' 소리를 하며 천천히 널줄을 늦춰가면서 점점 널을 내린다. 널이 바르게 안치되면 널줄을 뽑고 석회로 위아래 좌우의 틈을 메운다. 널 위를 깨끗이 닦고 주검깃발을 덮는다. 다음 긴 나무를 널 위아래 쪽에 세워 위치를 표시한다.

6. 흙 묻음 명령(슈平土)

상주가 흙을 옷깃에 담아 무덤 속 널 위에 놓으면서 묻으라는 뜻을 보이면 여러 일꾼이 일제히 '에 허리달콩' 소리를 하면서 석회로 갠 흙으로 묻는다. 상주가 이 뜻을 보이지 않으면 아무도 남의 부모 주검을 묻지 못한다.

7. 얼틀 모심 제사(平土祭)

일꾼이 석회 다지는 소리(달구질 소리)를 하면서 흙으로 무덤을 다져 편평하게 되면 얼틀모심 제사를 지낸다. 하얀 종이를 반듯하게 접어 "훌륭하신 옛 ○○(직함) 아버지 얼내림자리"라고 검은 글씨로 써서 얼틀에 붙이거나, 영정에 붙이고 무덤 앞에서 얼틀 모심 축문을 읽고 제사를 지낸다.

8. 얼틀을 집으로 모심

제사를 마치면 유가족은 얼틀을 모시고 집으로 가서 처음걱정 제사(初虞)를 준비하고, 유가족 한 사람이 남아 무덤 봉분을 만드는 공사를 감독한다.

9. 얼틀을 모시고 돌아오는 순서

얼틀, 혼백, 영정을 모신 이가 앞서고, 그 뒤를 상주와 친척, 친지가 차례로 줄을 서서 따른다.

제10절 달구질 노래

널을 묻고 석회를 다지며 달구질하면서 부른다. 앞소리는 한사람이 메기고, 뒷소리는 일꾼이 같이 받는다.

<앞소리>	<뒷소리>
얼차게 달구	얼차게 달궁
명당일세 명당일세	얼차게 달궁
이 터가 명당일세	얼차게 달궁
번듯한 이 자리	얼차게 달궁
만년유택 명당일세	얼차게 달궁
오늘 드신 새 집주인	얼차게 달궁
큰 복을 타셨네	얼차게 달궁
저승 복을 타셨네	얼차게 달궁
빼어난 산천 정기	얼차게 달궁
가득히 어려 있고	얼차게 달궁

하늘에 서기 받아	얼차게 달궁
밝게 번쩍이도다	얼차게 달궁
일찍이 조물공이	얼차게 달궁
솜씨를 뽐내어	얼차게 달궁
천하제일 강산	얼차게 달궁
여기에 펼쳤는가	얼차게 달궁
여보시요, 손님네들	얼차게 달궁
이 곳 경치 둘러보소	얼차게 달궁
왼쪽에는 꿈틀꿈틀	얼차게 달궁
푸른 용이 서려 있어	얼차게 달궁
맑은 연못 넘실넘실	얼차게 달궁
금물결을 일구고	얼차게 달궁
오른쪽에 우뚝바위	얼차게 달궁
흰 호랑이 웅크려 있어	얼차게 달궁
은빛 절벽 아른아른	얼차게 달궁
아지랑이 퍼지도다	얼차게 달궁
좋을시고 좋을시고	얼차게 달궁
양쪽 날이 좋을시고	얼차게 달궁
좋을시고 좋을시고	얼차게 달궁
자손 복이 좋을시고	얼차게 달궁
뒤로는 머리산이	얼차게 달궁
병풍처럼 둘러 있어	얼차게 달궁

천년 묵은 검은 거북   얼차게 달궁
신비 속에 고요하고   얼차게 달궁
앞으로는 넓은 벌판   얼차게 달궁
아득히 펼쳐 있어   얼차게 달궁
고운 깃털 붉은 새   얼차게 달궁
알을 품고 놀도다   얼차게 달궁

좋을시고 좋을시고   얼차게 달궁
앞뒤 기상 좋을시고   얼차게 달궁
좋을시고 좋을시고   얼차게 달궁
집안 인물 좋을시고   얼차게 달궁

여보시요 손님네들   얼차게 달궁
이 무덤자리 살펴보소   얼차게 달궁

뻗어내린 산줄기   얼차게 달궁
기세도 힘찰시고   얼차게 달궁
어우러진 골짜기   얼차게 달궁
모양새도 고울시고   얼차게 달궁
푸른 산 맑은 물   얼차게 달궁
억만 년이요   얼차게 달궁
아침 이슬 저녁노을   얼차게 달궁
백천 가지라네   얼차게 달궁

방향은 똑발라   얼차게 달궁
길고도 반듯하고   얼차게 달궁

위치는 알맞아   얼차게 달궁
높고도 넓어라   얼차게 달궁
편평한 언덕은   얼차게 달궁
붉은 황토요   얼차게 달궁
무덤 속을 파니   얼차게 달궁
더운 김이 솟네   얼차게 달궁
구덩이는 깊어   얼차게 달궁
산맥을 뚫고   얼차게 달궁
널을 묻음에   얼차게 달궁
온 땅기운 뭉치도다   얼차게 달궁

여보시요 손님네들   얼차게 달궁
저 하늘을 바라보소   얼차게 달궁

상서로운 바람 일어   얼차게 달궁
5색빛깔 자욱하네   얼차게 달궁
오늘이 무슨 날인가   얼차게 달궁
좋은 날 좋은 시각   얼차게 달궁
온갖 일이 형통하는   얼차게 달궁
크게 길한 날이로세   얼차게 달궁
해달별이 더 빛나고   얼차게 달궁
만물도 더 새롭네   얼차게 달궁

꽃잎은 활짝   얼차게 달궁
산 새소리 짹짹   얼차게 달궁
시냇물 졸졸   얼차게 달궁

뭉게 구름 둥둥	얼차게 달궁
벌레 소리 찍찍	얼차게 달궁
바람 소리 솔솔	얼차게 달궁
부슬비는 살살	얼차게 달궁
흰눈은 펄펄	얼차게 달궁
명당이야 명당이야	얼차게 달궁
이 자리가 명당이야	얼차게 달궁
번듯한 이 무덤	얼차게 달궁
만 년유택 명당이야	얼차게 달궁
오늘 드신 새 집주인	얼차게 달궁
향불 피워 비옵나니	얼차게 달궁
천 년 만 년 길이길이	얼차게 달궁
저승 복을 누리소서	얼차게 달궁

※ 이 노래는 유택의 아름다움을 노래하여 영혼으로 하여금 아쉬움이 없게 하는 인간미를 표출한 것이다.

제11절 장례식 고축문 10가지

영결식 고사(永訣式의 祖奠告辭)

"영결하옵는 예식에 좋은 시간이 길지 아니 하와 이제 영구차로 뫼시려 하오니 예식은 전통 장례절차를 따르나이다."

상여나감 고사(發靷式의 遣奠告辭)

"영구는 상여에 이미 오르시니, 가시면 바로 유택입니다. 안전하게 모시고 발인식을 거행하오니, 이 세상을 기리 떠나가사이다."

장지(葬地) 산신제 축문(土地之神祝文)

"때는 바야흐로 ○년○월○일 ○○○는 감히 산신령님께 밝게 사뢰나이다. 이제 훌륭하신 옛 ○○○님 유택을 여기에 만드는 바, 신령께서 보호하사 뒤탈이 없게 하소서. 삼가 맑은 술과 과일을 신령님께 바치오니 두루 흠향하옵소서."

얼틀 모심 축문(平土祭 題主祝文)

"때는 바야흐로 ○년○월○일 외로운 아들○○는 감히 훌륭하신 옛○○(직함 또는 아호) 아버지께 밝게 아뢰나이다. 형체는 무덤으로 돌아가시오나 영혼은 집으로 돌아가나이다. 얼틀(또는 영정)을 이미 완성하였사오니 엎드려 바라옵건대 존엄하신 영혼이시여 옛것을 버리고 새롭게 임하옵소서."

> ※ 어머니의 경우는 '슬픈 아들'이라 고치고, 부모가 모두 돌아가시면 '외롭고 슬픈 아들'이라고 하며, 훌륭하신 옛○○(직함 또는 당호) 어머니○○○씨라고 쓴다.

처음 걱정 축문(初虞, 再虞, 三虞祭祝文)

"때는 바야흐로 ○년○월○일 외로운 아들 ○○는 감히 훌륭하신 옛○○(직함 또는 아호) 아버지께 밝게 사뢰나이다. 해와 달은 머무르지 아니하여 어느 덧 처음걱정이 되었습니다.

날이 새나 밤이 되나 슬프고 사모하는 마음 편안치 못하여 삼

가 맑은 술과 갖은 음식으로 울면서 드리오니 선조와 합하는 행
사입니다. 두루 흠향하옵소서.”

　　※ 재우와 삼우는 처음 격정을 두 번 격정과 세 번 격정으로 고친다.

작은 얼너기 축문(小祥祝文)

“때는 바야흐로 ○년○월○일 효자○○는 감히 훌륭하신 옛○
○(직함 또는 아호) 아버지께 밝게 사뢰나이다. 해와 달은 머무
르지 아니하여 어느 덧 작은 얼너기가 돌아왔습니다. 날이 새나
밤이 되나 조심하고 두려워하며 이 몸 닦았사오나 슬프고 사모
하는 마음 편안치 못하여 삼가 맑은 술과 갖은 음식으로 울면서
드리오니 의례적인 행사입니다. 두루 흠향하옵소서.”

큰 얼너기 축문(大祥祝文)

“때는 바야흐로 ○년○월○일 효자○○는 감히 훌륭하신 옛
(○○직함 또는 아호) 아버지께 밝게 사뢰나이다. 해와 달은 머
무르지 아니하여 어느 덧 큰 얼너기가 돌아왔습니다. 날이 새나
밤이 되나 조심하고 두려워하며 이 몸 닦았사오나 슬프고 사모
하는 마음 편안치 못하여 삼가 맑은 술과 갖은 음식으로 울면서
드리오니 3년상의 행사입니다. 두루 흠향하옵소서.”

　　※ 소상과 대상 때에는 ‘외로운 아들’ ‘슬픈 아들’에서 효자(孝子)
　　　로 고치는 바, 그 까닭은 슬픔을 잘 극복하고 몸을 온전히 보
　　　존하여 상장(喪葬)의 의례를 무사히 마쳤기 때문에 효자가 되
　　　는 것이다.

아내의 작은(큰) 얼너기 축문(小大祥)

"때는 바야흐로 ○년○월○일 남편 ○○○는 삼가 훌륭하신 옛○○(직함 또는 당호) 아내○○○○○님에게 아뢰나이다. 해와 달은 머무르지 아니하여 어느 덧 작은(큰)얼너기가 돌아왔나이다. 슬프고 서러운 마음 아프고 쓰라림을 이기지 못하여 이에 맑은 술과 갖은 음식으로 드리오니 의례적인 행사(대상 때는 3년상의 행사)입니다. 두루 흠향하소서."

　　※ 아내의 소상(小祥)은 1주기 한 달 전에 거행하고 1주기 날은 상복을 벗고 대상을 거행한다.

남편의 작은(큰) 얼너기 축문(小大祥)

"때는 바야흐로 ○년○월○일 아내○○○는 감히 훌륭하신 옛○○(직함 또는 아호) 남편○○○○○님께 밝게 아뢰나이다. 해와 달은 머무르지 아니하여 어느 덧 작은(큰)얼너기가 돌아왔나이다. 날이 새나 밤이 되나 조심하고 두려워하며 이 몸 지켰사오나 비통하고 그리운 마음 이기지 못하여 삼가 맑은 술과 갖은 음식으로 울면서 드리오니 의례적인 행사(대상 때는 3년상의 행사) 입니다. 두루 흠향하소서."

아들의 작은(큰) 얼너기 축문(小大祥)

"때는 바야흐로 ○년○월○일 아버지는 훌륭한 옛○○(직함 또는 애칭) 아들○○○에게 알리노라. 해와 달은 머무르지 아니하여 어느 덧 작은(큰) 얼너기가 돌아왔다. 슬픈 마음 그침이 없어 이 가슴 불덩이 같아 이에 맑은 술과 갖은 음식으로 차렸으니 의례적인 행사(대상 때는 3년상의 행사)이다. 두루 흠향하여라."

제12절 조문편지

장례를 마치고 감사편지(謝禮文)

감 사 말 씀

엎드려 두 번 절하옵고 감사의 말씀을 드립니다. 이번 돌아가신 아버지 (또는 어머니, 할아버지, 할머니, 남편, 아내, 자식 등 각각 해당되는 상)의 장례식에 따뜻한 조문과 아울러 많은 부의로 위로하여 주시어 슬픔 속에서도 지극히 감격하였나이다. 삼가 찾아뵙고 인사함이 당연하오나 황망한 가운데 글월로 감사의 뜻을 올립니다.

○년 ○월 ○일
외로운 아들 ○○○
며느리　○○
딸　　　○○올림

○ ○○ 귀하

※ '외로운'은 아버지, 할아버지, 남편, 장자상에 쓰고, '슬픈'은 어머니, 할머니, 아내, 아들, 딸 상에 쓴다. 아버지와 어머니, 또는 할아버지와 할머니가 모두 돌아가시면 '외롭고 슬픈'이라고 쓴다.

※ 상주는 안정을 찾는 대로 즉시 두루 찾아다니면서 절하여 감사 드리고, 상주의 인사를 받은 사람은 좋은 말로 힘을 내게 하고 반드시 간소한 음식을 대접하여 빈 입으로 돌아가게 하지 말아야 한다.

조문편지 서식   〈내용〉

> ○○○는 두 번 절하고 삼가 조문의 글을 올립니다. 뜻밖의 흉변으로 훌륭하신 아버지(또는 어머니, 할아버지, 할머니, 남편, 아내)께서 갑자기 돌아가셨다는 소식을 듣고 놀람을 금치 못하나이다. 생각하건대 지극한 효심에 사모하는 울음소리가 얼마나 간절하리까?
>
> 해와 달은 그침이 없어 어느 덧 달이 바뀌었지만 얼마나 애통하시며 얼마나 허전하시리오! 아마도 근심 속에 몸이 성치 않을 터인데 기력은 어떠하신지요? 엎드려 바라옵건대 억지로라도 잡수시고 예법을 따라야 할 것입니다.
>
> 저는 ○○일로 달려가 조문하지 못한지라 근심스런 생각에 삼가 글월을 올리오니 널리 용서하여 주시기 바랍니다.
>
> ○년 ○월 ○일
>
> ○ ○○ 올림
>
> ○○○ 큰효자 슬픔 앞에

〈겉봉〉

> ○○○올림
>
> ○ ○ ○ 큰효자 슬픔 앞

조문편지 답장 서식   〈내용〉

○○○는 두 번 절하옵고 말씀 올리나이다. 저의 죄와 잘못이 너무 많아 재앙이 아버지(또는 어머니)께 뻗히었나이다. 가슴을 치고 울부짖음에 오장이 무너지니, 땅을 치고 하늘에 울부짖어도 돌이킬 길이 없나이다.

해와 달은 머무르지 아니하여 어느 덧 ○달이 흘렀으나, 혹독한 벌이 너무도 괴로워 온전히 살아갈 가망이 없나이다. 여러분의 은덕으로 겨우 영위만 모시면서 구차하게 보살피고 있나이다.

귀하의 자애로운 위문을 받으니 슬픔 속에서도 지극히 감격하였나이다. 찾아가 호소하고 싶은 마음 간절하지만, 기운이 없어서 삼가 편지를 올리나이다.

황망한 가운데 갖추지 못하오니 널리 헤아리소서.

〇년 〇월 〇일

외로운(슬픈)아들 ○ ○○ 절 드림

○ ○○님 앞

〈겉봉〉

○ ○ ○ 답서

○ ○ ○ 귀하

제4장 제 사

제1절 제사 절차

1. 얼 모심(焚香降神)

제상을 다 차리고 시간이 되면 신이 강림하시라는 뜻으로 제사주인이 향을 피우고 술잔에 술을 조금 쳐서 모래 담은 그릇에 붓고 두 번 절한다.

2. 일동 배례(參神)

조상의 얼을 모신 다음 지금부터 제사 지내겠다는 뜻으로 참례한 모든 사람이 다함께 두 번 절한다.

3. 첫잔 올림(初獻)

제사 주인이 나아가 무릎을 꿇고 첫 술잔을 올리고 그 자리에 엎드려 축 읽기를 기다린다.

4. 축문 읽음(讀祝)

축문 읽을 사람이 제사 주인 왼편에 무릎 꿇고 축문을 읽고 나면 모두 두 번 절한다.

5. 다음잔 올림(亞獻)

다음 술잔을 올릴 사람이 나아가 첫 술잔을 퇴주그릇에 비우고 다시 술을 처서 두 번째 잔을 올리고 두 번 절한다.

6. 끝잔 올림(終獻)

세 번째 잔 올릴 사람이 나아가 두 번째 술잔을 퇴주그릇에 비우고 다시 술을 처서 끝잔을 올리고 두 번 절한다.

7. 술더 드림(添酌)

제사 주인이 나아가 다른 잔에 술을 따라서 끝잔에다가 3번 따라서 파르르 넘치게 친다.

8. 메에 숟가락 꽂음(啓飯揷匙)

제사 주인이 메의 주발뚜껑을 열고 숟가락이 동쪽으로 향하게 꽂는다. 흠향하시라는 뜻으로 다함께 잠깐 머리를 숙이고 기도(侑食)한다.

9. 숭늉 올림(撤匙復飯)

국그릇을 내리고 숭늉을 올려서 숟가락으로 메를 세 번 떠서 숭늉그릇에 놓는다. 그리고 주발뚜껑을 덮는다.

10. 일동 배례(辭神)

제사를 마쳤다는 뜻으로 다함께 두 번 절한다.

11. 복을 탐(飮福)

제사 주인이 술 한 잔과 고기 한 점을 내려서 먹는다.

12. 제사상 걷음(撤床)

제사상을 거두어 음식을 골고루 나누어 먹고 지방과 축문을 사른다.

제2절 조상의 얼틀(神主, 位牌, 紙榜)

훌륭한 옛 ○○○ 아들 ○○○씨 얼내림자리

훌륭하신 옛 ○○ 부인 ○○○씨 얼내림자리

훌륭하신 옛 ○○ 남편 ○○○씨 얼내림자리

훌륭하신 옛 ○○ 어머니 ○○○씨 얼내림자리 / 훌륭하신 옛 ○○ 아버지 얼내림자리

훌륭하신 옛 ○○ 할머니○○○씨 얼내림자리 / 훌륭하신 옛 ○○ 할아버지 얼내림자리

훌륭하신 옛 ○○ 증조할머니○○○씨 얼내림자리 / 훌륭하신 옛 ○○ 증조할아버지 얼내림자리

훌륭하신 옛 ○○ 고조할머니○○○씨 얼내림자리 / 훌륭하신 옛 ○○ 고조할아버지 얼내림자리

※ 조상의 얼은 훌륭한 것이며, '옛'은 지나간 옛날이라는 개념이
아니라 돌아가신 분(故人)을 뜻한다. '얼내림자리'는 신령이 강
림하실 곳(神位)이라는 말이다.
※ "옛" 다음에 남자는 직함이나 아호를 쓰고, 여자는 직함이나 당
호(堂號)를 쓰며, 만일 모두 쓰고 싶으면 길게 이어 써도 된다.

제3절 제상 차림표

합동 제상 열틀 순서(명절 때)

훌륭하신 옛 ○○○고조할아버지 얼내림자리
훌륭하신 옛 ○○고조할머니 ○○○씨 얼내림자리
훌륭하신 옛 ○○증조할아버지 얼내림자리
훌륭하신 옛 ○○증조할머니 ○○○씨 얼내림자리
훌륭하신 옛 ○○할아버지 얼내림자리
훌륭하신 옛 ○○할머니 ○○○씨 얼내림자리
훌륭하신 옛 ○○아버지 얼내림자리
훌륭하신 옛 ○○어머니 ○○○씨 얼내림자리
훌륭하신 옛 ○○남편 ○○○씨 얼내림자리
훌륭하신 옛 ○○부인 ○○○씨 얼내림자리
훌륭한 옛 ○○아들 ○○○씨 얼내림자리

합동젯상 차림표

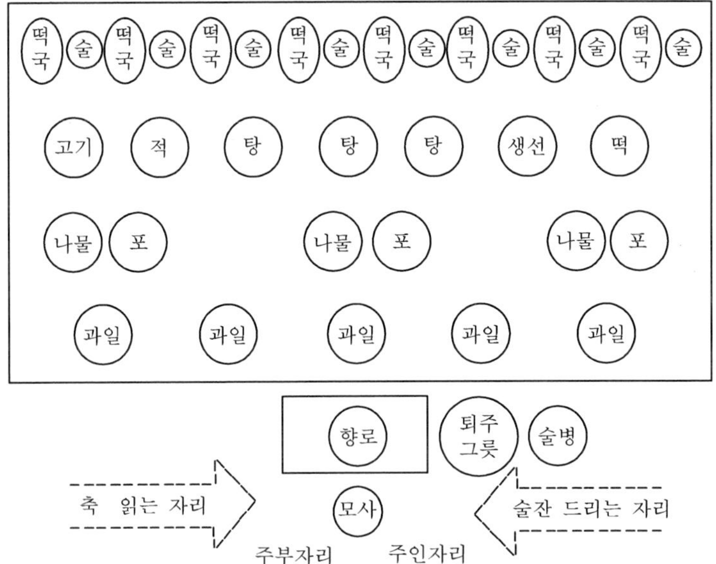

※ 제사 음식으로는 술은 맑은 술을 쓰고, 과일은 복숭아를 놓지 않으며, 생선은 꽁치, 갈치 등 '치'자(字) 들어간 생선은 삼가한다. 나물은 고사리, 도라지, 숙주나물 등을 쓰고, 탕은 홍합, 새우, 문어(오징어) 등을 쓴다. 포는 어포와 육포를 쓴다. 대체로 돌아간 분이 생전에 좋아하신 음식을 보기 좋게 차리면 된다. 그리고 제사상의 자리는 서쪽이 높은 자리요 동쪽이 낮은 자리이다.

각기 제사상 차림표

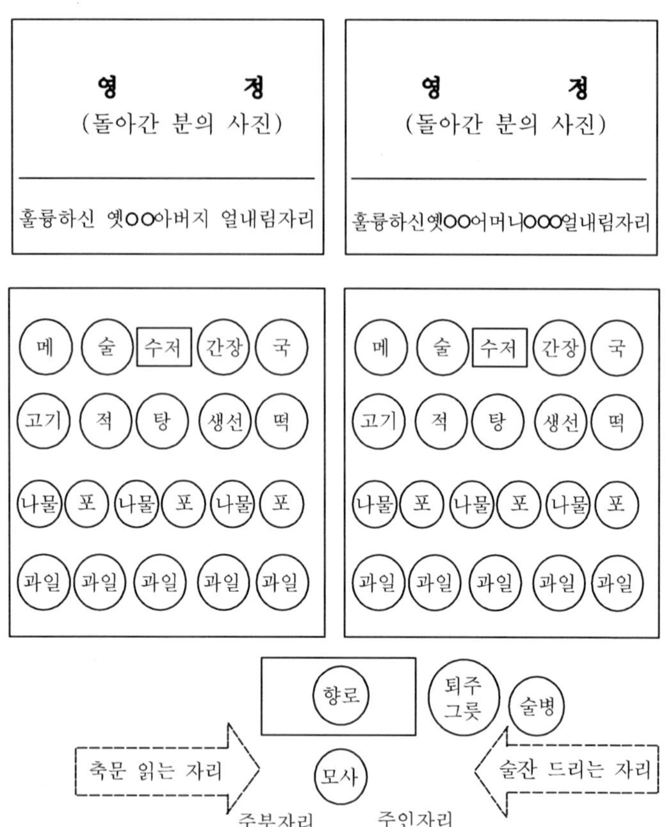

※ 내외분 모두 돌아가신 제사상에는 메를 같이 놓는다. 죽은 사
   람의 제사상에 차리는 밥과 국의 위치는 살아 있는 사람의 밥
   상에 차리는 밥과 국의 위치와 정반대로 놓는다.

제4절 제사 축문 10가지

설날에 시조제사 축문(始祖祭祝文)

"때는 바야흐로 ○년○월○일 효손○○는 감히 훌륭하신 옛 시조 할아버지와 시조 할머니께 밝게 사뢰나이다. 이제 한겨울로 서 새해 설날을 맞이하나이다. 조상을 추모하고 은혜 갚을 길을 생각하오니 예절을 감히 잊지 못하와 삼가 맑은 술과, 갖은 음 식으로 경건히 드리옵니다. 해마다 거행하는 행사이온바 두루 흠 향하옵소서."

한식에 선조제사 축문(先祖祭祝文)

"때는 바야흐로 ○년○월○일 효손○○는 감히 훌륭하신 옛○ ○(직함 또는 아호) ○대조 할아버지와 훌륭하신 옛○○(당호) ○대조 할머니 ○○○씨께 밝게 사뢰나이다. 이제 새봄으로서 만 물이 소생하기 시작합니다. 조상을 추모하고 은덕 갚을 길을 생 각하오니, 예절을 감히 잊지 못한바 삼가 맑은 술과 갖은 음식 으로 경건히 드립니다. 해마다 거행하는 행사이온바 두루 흠향하 옵소서."

추석에 어버이제사 축문(禰祭祝文)

"때는 바야흐로 ○년○월○일 효자○○는 감히 훌륭하신 옛○ ○ 아버지와 훌륭하신 옛○○ 어머니 ○○○씨께 밝게 사뢰나이 다. 이제 한가을이 되어 만물이 익어가기 시작합니다. 오곡백과 가 풍요로우니 추모하는 마음 저 하늘도 다함이 없나이다. 삼가 맑은 술과 갖은 음식으로 정성을 드려 향례(饗禮)를 주최하오니 두루 흠향하옵소서.”

제삿날 제사 축문(忌祭祀祝文)

“때는 바야흐로 ○년○월○일 효자○○는 감히 훌륭하신 옛○○(직함) 아버지와 훌륭하신 옛○○(당호) 어머니 ○○○씨께 밝게 사뢰나이다. 세월은 흘러 훌륭하신 옛○○ 아버지(또는 어머니)의 제삿날이 돌아왔습니다. 지난날의 추억이 오늘 더욱 간절하와 저 하늘도 다함이 없나이다. 삼가 맑은 술과 갖은 음식으로 정성을 드려 항례를 주최하오니 두루 흠향하옵소서.”

> ※ 조부모는 효자를 효손으로 바꾸고 아버지 어머니를 할아버지 할머니로 바꾸며, 증조부모는 효증손으로 고치고 증조할아버지 증조할머니로 바꾸며, ‘저 하늘도 다함이 없나이다.’를 ‘길이 사모하는 마음 이기지 못하나이다.’로 고친다. 또한 방계친척은 ‘제삿날이 돌아오니 비창한 생각을 이기지 못하겠나이다.’로 고친다.

남편제사 축문

“때는 바야흐로 ○년○월○일 아내○○○는 감히 훌륭하신 옛○○(직함) 남편○○○님께 밝게 사뢰나이다. 세월은 흘러 지아비의 제삿날이 다시 돌아왔습니다. 지난날의 추억이 오늘 더욱 새로워 저 하늘도 다함이 없나이다. 삼가 맑은 술과 갖은 음식으로 공경하여 드리오니 두루 흠향하옵소서.”

아내제사 축문

“때는 바야흐로 ○년○월○일 남편○○○는 감히 훌륭하신 옛○○(당호) 아내○○○님께 밝게 사뢰나이다. 세월이 흘러 지어

미의 제삿날이 다시 돌아왔나이다. 지난날의 추억이 오늘 더 욱 새로워 처량한 마음 이기지 못하나이다. 이에 맑은 술과 갖은 음식으로 간소하게 드리오니 두루 흠향하옵소서.”

백숙부모(伯叔父母) 제사 축문

“때는 바야흐로 ○년○월○일 조카 ○○는 감히 훌륭하신 옛 ○○큰(작은) 아버지와 훌륭하신 옛 ○○큰(작은) 어머니 ○○○ 씨께 밝게 사뢰나이다.

세월은 흘러 훌륭하신 옛 ○○큰(작은) 아버지(어머니 ○○○ 씨)의 제삿날이 돌아 왔습니다. 지난날의 추억을 생각하오니 길이 사모하는 마음 이기지 못하와 삼가 맑은 술과 갖은 음식으로 경건히 드리오니 두루 흠향 하옵소서.”

장인 장모 제사 축문

“때는 바야흐로 ○년○월○일 사위 ○○○는 감히 훌륭하신 옛 ○○장인 ○○○공과 훌륭하신 옛 ○○장모 ○○○씨께 밝게 사뢰나이다.

세월은 흘러 훌륭하신 옛 ○○장인 ○○○공(장모 ○○○씨)의 제삿날이 돌아왔습니다. 지난날의 추억을 생각하오니 이에 사모하는 마음 이기지 못하와 삼가 맑은 술과 갖은 음식으로 경건히 드리오니 두루 흠향 하옵소서.”

묘제 때 산신제 축문(土地之神祝文)

“때는 바야흐로 ○년○월○일 ○○○는 감히 산신령님께 밝게 사뢰나이다. ○○○가 연례행사로 훌륭하신 옛○○(직함) ○대 할 아버지 묘에 제사를 봉행하나이다. 늘 보호하여 주신 신령님의 은

덕에 감사하와 감히 맑은 술과 과일로 경건히 드리오니 두루 흠
향하옵소서."

묘소 제사 축문(墓祭祝文)

"때는 바야흐로 ○년○월○일 효○대손○○는 감히 훌륭하신
옛○○(직함) ○대 할아버지와 훌륭하신 옛○○(당호) ○대 할머
니○○○씨의 묘에 밝게 사뢰나이다. 세월은 흘러 비와 이슬이
벌써 내렸습니다. 우러러 묘소를 둘러보고 깨끗이 다듬으며 추모
하는 마음 이기지 못하와 삼가 맑은 술과 갖은 음식으로 경건히
드리오니 두루 흠향하옵소서."

※ 합동제사의 경우는 제일 윗대 조상을 기준으로 축문을 쓰고 끝
　부분 '맑은 술과 갖은 음식으로 경건히 드리오니'의 다음에
　"훌륭한 옛○대 할아버지, 훌륭한 옛○대 할머니○○○씨와 함
　께 두루 흠향하옵소서"라고 쓴다.

제5절 선산일 축문 11가지

새 묘지를 다듬는 산신제 축문(山神祭祝文)

"때는 바야흐로 ○년○월○일 ○○○는 감히 산신령님께 밝게
사뢰나이다. 이제 훌륭하신 옛○○할아버지의 묘가 이롭지 못하
여 장차 이곳으로 옮겨 쓰고자 하나이다.
　신령께서 보살피시어 뒤탈이 없게 하시옵소서. 삼가 맑은 술
과 과일을 경건히 신령님께 드리오니 두루 흠향 하시옵소서."

옛 묘를 파기 전 산신제 축문

"때는 바야흐로 ○년○월○일 ○○○는 감히 산신령님께 밝게 사뢰나이다. 여기에 있는 훌륭하신 옛○○할아버지의 묘가 딴 근심이 있을까 두려워 장차 다른 곳으로 옮기고자 하나이다. 삼가 맑은 술과 과일을 경건히 신령님께 드리오니, 신령께서 도와주시옵고 두루 흠향 하옵소서."

옛 묘를 파는 고사(啓墓告辭)

"때는 바야흐로 ○년○월○일 효자(손)○○는 감히 훌륭하신 옛○○(할)아버지께 밝게 사뢰나이다. 이곳에 장례를 모신지 세월이 오래되어 몸과 넋이 편안치 못하와 이제 다른 데로 옮기고자 하나이다. 엎드려 바라옵건대 존엄하신 영혼이시여, 장례를 고쳐 모심에 놀라지 마시옵소서."

발인식 고사

시신 또는 유골을 잘 거두어서 수의를 새로 입히고 베로 묶어(斂)서 널에 안치한 다음 초상 때처럼 발인식을 거행한다. 대체로 묘지를 옮길 때의 의식절차는 초상 때의 장례절차를 따른다.

"영구는 상여에 이미 오르시니 가시면 바로 새로운 유택입니다. 안전하게 모시고 발인식을 거행하오니 이 세상을 아주 떠나가사이다."

새 묘에 장례를 마치고 산신제 축문

"때는 바야흐로 ○년○월○일 ○○○는 감히 산신령님께 밝게 사뢰나이다. 여기에 훌륭하신 옛○○(할)아버지의 묘를 썼습니다.

신령께서 보살펴 주시어 뒤탈이 없게 하시옵소서, 삼가 맑은
술과 과일을 경건히 신령님께 드리오니 두루 흠향 하옵소서.”

새 묘에 아뢰는 축문(告新墓祝文)

“때는 바야흐로 ○년○월○일 효자(손) ○○는 감히 훌륭하신
옛○○(할)아버지의 묘에 밝게 사뢰나이다. 유택을 새로 옮기고
무덤 다지는 일을 마치옵니다. 엎드려 바라옵건대 존엄하신 영혼
이시여, 몸과 넋이 길이 편안하옵소서.”

사초(莎草)할 때 산신제 축문

“때는 바야흐로 ○년○월○일 ○○○는 감히 산신령님께 밝게
사뢰나이다. 이제 훌륭하신 옛○○(직함)○○○님의 무덤이 무너
져서 곱게 다듬고자 하나이다. 신령님께서는 보호하사 뒤탈이 없
게 하소서, 삼가 맑은 술과 과일을 신령님께 올리오니 두루 흠
향하옵소서”

사초(莎草)때 묘에 아뢰는 축문

“때는 바야흐로 ○년○월○일 효손○○는 감히 훌륭하신○○
(직함)할아버지와 훌륭하신 옛○○(당호)할머니○○○씨와 묘에
밝게 사뢰나이다. 세월이 오래되어 떼가 말라서 무덤이 무너졌습
니다. 이제 제가 떼를 고쳐 입히려 하오니 엎드려 바라옵건데
존엄하신 영혼이시어 놀라지 마옵소서. 삼가 술과 과일을 올리
며 경건한 말씀 삼가 아뢰나이다.”

사초한 후 위안 축문

"때는 바야흐로 ○년○월○일 효손○○는 감히 훌륭하신 옛○○(직함 또는 아호)할아버지와 훌륭하신 옛○○(직함 또는 당호)할머니○○○씨의 묘에 밝게 사뢰나이다. 제가 이미 봉분을 지어 떼를 입혔사오니 옛 무덤이 아주 산뜻 하나이다. 엎드려 바라옵건대 존엄하신 영혼이시여 길이 편안하옵소서, 삼가 맑은 술과 과일을 올리며 경건한 말씀 삼가 아뢰나이다."

비석 세울 때 산신제 축문

"때는 바야흐로 ○년○월○일 ○○○는 감히 산신령님께 밝게 사뢰나이다. 이제, 훌륭하신 옛○○(직함)○○○님의 묘가 격식을 갖추지 못하여 비석과 상석을 세워서 무덤을 보호하려 하나이다. 신령님께서 보호하시어 뒤탈이 없게 하옵소서, 삼가 맑은 술과 과일을 산신령님께 올리오니 두루 흠향하옵소서."

비석 세우고 묘에 아뢴 축문

"때는 바야흐로 ○년○월○일 효자○○는 감히 훌륭하신 옛○○(직함 또는 아호)아버지와 훌륭하신 옛○○(직함 또는 당호)어머니○○○씨의 묘에 밝게 사뢰나이다. 제가 재력이 모자라서 격식을 많이 빠뜨렸사온바 이제 비석과 상석을 갖추어서 무덤에 세웠사오니 엎드려 바라옵건대 존엄한 영혼이시여 밝고 편안하옵소서"

제6절 제사법도

제사는 제주(祭主)가 목욕재계하고, 정결풍성한 제물을 장만하여 지극히 정성을 드려서 향례(饗禮)를 주최하여 천지신명(天地神明)이 흠향(歆饗)하는 예식이다.

하느님께 풍년을 감사하거나 신령에게 복을 빌거나, 조고(祖考)의 은덕에 보답하기 위하여 지극한 정성으로 있는 힘을 다하여 공경하고 섬김으로써 마침내 하느님이 강림하시고 귀신이 내격(來格)하는데 이르는 것이니 참으로 장엄한 예법이요 숭고한 정신이다.

성인(聖人)은 아름다운 예법절차와 순수한 정신의 통일로 저 멀리 하늘을 통하고, 그윽히 신명(神明)을 접하는 길을 열어 다섯 가지 제사 법도를 밝혔으니 첫째, 제일(祭日)이 적절할 것. 둘째, 제통(祭統)이 바를 것. 셋째, 제주(祭主)가 자유독립 할 것. 넷째, 제의(祭儀)가 충실할 것. 다섯째, 제수(祭需)가 정결풍성할 것이다. 모름지기 이 다섯 가지 요건을 구비하여야만 옳은 제사요, 만일 이것을 갖추지 않거나 어기면 참람(僭濫)이니, 곧 신을 모독하고 사람을 우롱한 것으로 『춘추(春秋)』의 엄징규탄(嚴懲糾彈)을 면할 수 없는 것이다.

제일(祭日)은 제사를 봉행하는 날과 시간이다. 모름지기 제사를 거행함에는 일정한 날과 시간이 정해져 있는 것이다. 사시정제(四時正祭)나 기제(忌祭)나 속절차례(俗節茶禮)가 해마다 일정하다. 그러므로 제삿날이 지났거나, 세대가 바뀌어 소목(昭穆)이 옮겼거나, 나라가 바뀌어 기원이 새로워졌거나 또는 천재지변이 일어나서 어지러우면 제사를 그만두는 것이다.

제통(祭統)은 제사의 정통을 계승하는 것이니 합법적인 후계자나 직계혈통의 상속인이 있어야 그 정신을 이어받고 그 정성을 갖출 수가 있는 것이다. 무릇 제통(祭統)은 국가의 대통이나 가정의 종통(宗統)과 일치하는 것인데, 천명과 민심을 얻은 사람이나 장자 종손이 대대로 이어 만세에 걸쳐 영원무궁한 전통체계가 있는 것이다.

제주(祭主)는 제사를 주관하여 하늘과 통하고 귀신과 접하는 주체로서 주인과 주부이다. 제사를 받드는 주인과 주부는 제례를 절도 있게 진행하여 자체성경(自體誠敬)으로 천지신기(天地神祇)와 조고영혼(祖考靈魂)을 직접 감통하는 것이다. 그러므로 제주(祭主)가 인격이 파탄하였거나 형벌을 받고 복역 중이거나 질병을 앓거나 출타하여 없으면 제사를 거행할 수 없는 것이요, 만일 주부(祭主의 아내)가 죽으면 주인이 재혼할 때까지 제사를 중지하는 것이다.

제주(祭主)는 항상 사묘(祠廟)의 체계와 제법절도도 온전히 수호하여야 되는 것이니 만일 사당이 불탔거나 제기를 도난당하면 다시 갖출 때까지 제사를 거르는 것이다.

제의(祭儀)는 제사를 거행하는 의식절차이다. 의복과 음식과 그릇의 수량과 집례, 집사의 직분과 삼헌유식(三獻侑食)의 의례를 예법에 따라야 된다. 그러므로 일가친척은 물론 이웃과 친지의 여러 손님이 와서 의식을 도와야 하는 것이다. 이에 서로 화합하지 못하여 만일 친척이 모두 발을 끊고 손님이 아주 등을 돌리면 끝내 제사를 거행하지 못하게 되는 것이다.

제수(祭需)는 제사에 소용되는 음식과 폐백(幣帛)이다. 가장 정결하고 풍성하게 장만하여 제향(祭享)에 모자라거나 축제(祝祭)에 서운함이 없게 하여야 된다. 따라서 흉년에 굶주리거나 생업이 없어 곤궁하면 제사를 거르고 희생(犧牲)에 변고가 있으면 즉시 중지하는 것이다. 제수는 집안의 형편에 따라 알맞게 하고, 구차하게 얻거나 빌려서 쓰는 것은 옳지 못한 일이다.

이상의 다섯 가지 요건을 충실히 갖추어야 비로소 법도에 맞는 제사로 복을 받고 만일 이에 한 가지라도 빠진다면 굿거리나 푸닥거리에 지나지 아니하며, 아주 고의로 어기고 강행하면 패역(悖逆)의 난신적자(亂臣賊子)로 앙화(殃禍)를 자초하리니 그 엄(嚴)한저!

제5장 벗 사귐

제1절 벗 사귐 절차

1. 처음 만남

 벗할 사람의 집으로 찾아가 문 밖에서 만나기를 청한다. 주인은 손님께서 되돌아가시면 자기가 찾아뵙겠다고 전한다. 손님이 안 된다고 고집하면 주인이 나와서 인사한다.

2. 선물 드림

 주인이 손님을 안내하여 응접실에 이르면 손님이 선물을 주인에게 드린다. 주인은 사양하다가 마지못하여 절하고 받으면 손님은 드리고 절하고 문 밖으로 나가서 기다린다.

3. 서로 보기

 주인이 손님에게 인사를 요청하고 손님이 이에 응하면 주인이 문밖으로 나가 손님을 인도하여 방으로 안내하여 마주 앉는다.

4. 말 트기

 주인이 먼저 말을 트고 자기의 뜻을 밝히면 손님도 이어 말을 트고 감사의 뜻을 표한다.

5. 음식 대접

주인이 손님께 음식을 대접한다. 손님은 감사를 표하고 주인이 먼저 들기를 권하여 천천히 따라서 먹는다.

6. 손님 떠남

손님이 자리에서 일어나 물러감을 말하고 문 밖으로 나오면 주인은 대문 밖까지 따라 나와 절하고 보낸다.

7. 선물 되주기

받은 선물을 가지고 보낸 사람의 집 대문에 이른다(이번에는 주인은 손님이 되고, 손님은 주인이 된다). 선물을 가지고 온 손님이 주인에게 되돌려 받기를 청하면 주인은 사양한다. 끝까지 주장한 쪽이 이기는 것인데. 만일 선물을 되돌려 받으면 벗을 맺지 못한다.

※ 벗은 믿음으로 사귀는 인간관계의 하나로서 가정형편을 초월할 뿐만 아니라 권세와 직위도 초월하며 심지어 나이도 초월하는 것으로 오로지 뜻과 믿음으로 만나는 사이가 되는 것이다.

따라서, 벗은 오다가다 만나서 알고 지내는 이웃관계가 아니요, 그 인격과 사상을 믿어 의심치 아니하여 더불어 사귐으로써 서로서로 공동체의식을 함양하면서 인격을 도야하는 쌍무적 의무관계를 맺은 사이다.

이러한 깊은 인간관계를 맺음에는 능동적으로 사람을 골라서 찾아가는 적극적 행동이 필요한 것이다.

제6장 술잔치

제1절 술잔치 절차

1. 손님 초청

술잔치(鄕飮酒禮)를 주최하는 주인이 초청할 손님 집에 찾아가 손님이 되기를 요청, 허락을 받으면 시간과 장소를 알린다.

2. 손님 모셔옴

술잔칫날 준비가 끝나면 주인이 손님 집에 가서 손수 모셔 온다.

3. 손님맞이

잔치 마당에 이르러 주인이 문 밖에서 손님께 절하고 안내하면 손님도 절하고 따른다. 술자리에 이르러 주인은 동쪽, 손님은 서쪽에 서면 주인이 절하고. 손님도 답하여 절한다.

4. 주인 술 고수레

주인이 술잔을 씻어, 술친 잔을 손님께 드리고 절하면 손님이 땅에 술을 조금 부어 고수레를 한 다음 마시고 절한다.

5. 손님 술 고수레

손님이 술잔을 씻어 술친 잔을 주인께 드리고 절하면 주인이 땅에 술을 조금 부어 고수레 한 다음 마시고 절한다.

6. 술 대접

주인이 술잔을 씻어 술친 다음 상위에 놓고 절하고 일어나 술잔을 들어 마시고 절하면 손님도 절한다. 주인이 술잔을 씻어 술친 잔을 상위에 놓고 절하여 권하면 손님이 사양하는 뜻으로 절하고 주인이 다시 권하는 뜻으로 절하면 손님이 마신다(손님이 끝내 사양하면 잔치는 여기에서 그친다). 주인은 차례로 잔을 씻어 여러 손님에게 한잔씩 절하며 드리면 손님은 각각 절하고 마신다.

7. 잔 돌림

주인은 사회를 세워서 차례로 돌아가며 남녀, 노소, 귀천 없이 술을 권한다.

8. 음식상 거둠

손님이 모두 술잔을 놓고 일어나서 남은 음식을 애쓴 사람에게 골고루 나누어 주면 음식상을 거둔다.

9. 놀이마당

사회가 노래와 춤으로 즐거운 자리를 마련하여 즐겁게 하고 일꾼은 술과 음식을 가지고 다니며 달라는 사람에게 드린다.

10. 손님이 돌아감

손님이 돌아가면 주인이 대문 밖으로 나가서 절한다. 그 다음 날 손님이 주인에게 감사의 뜻을 표하여 인사한다.

제2편 예법상식

제1장 성년식

제1절 관혼상제(冠婚喪祭)상식

1. 머리말

관혼상제(冠婚喪祭)는 인생행로에서 누구나 거쳐야 하는 4대통과의례(四大通過儀禮)이다.

사람이 성년이 되면 관례(冠·笄禮)를 행하여 성인(成人)으로 자립하고, 배필(配匹)을 만나면 혼례를 거행하여 가정을 이루어 독립하며, 죽으면 상례(喪禮)를 거행하여 애통하게 장사 치르고, 시절이 바뀌면 제례(祭禮)를 봉행(奉行)하여 추모하는 바, 이 네 가지 절차는 인생행로의 중대한 변혁기에 인간의 존엄성을 밝히는 예식이다.

관례 (冠禮)와 혼례(婚禮)는 인생의 진실한 시발이요, 상례(喪禮)와 제례(祭禮)는 인간의 엄숙한 종결이다. 성실한 시발 없이 영광스러운 종결이 있을 수 없는 까닭에 관례와 혼례의 의미가 중대하고, 생전의 종합적 업적이 사후에야 엄격히 평가되는 까닭에 상례와 제례의 가치가 고귀하다. 그러나 상제(喪祭)는 그 사람이 사망한 뒤에 후인에 의하여 거행될 따름이요, 본인의 자유의지에 의하여 이루어진 생전의 의례는 관혼(冠婚)뿐이다.

부모는 자녀의 관혼(冠婚)을 주관하여 그 장래를 축복하고, 자

녀는 부모의 상제를 주재하여 그 과거를 추모하는데서 인간의
존엄성과 인생의 진실성과 인류의 문화가 모두 발휘된다.

그러므로 부모의 자애는 관혼(冠婚)보다 큰 것이 없고, 자녀의
효성은 상제(喪祭)보다 무거운 것이 없는 까닭에 관혼(冠婚)에서
부모의 큰 사업이 끝나고, 상제(喪祭)에서 자손의 큰 도리가 시
작된다.

오늘날 세계는 한갓 물욕충족에 열중한 나머지 이와 같이 심
오한 예법을 이해하지 못하고 있으나, 인류문명의 부흥을 위해서
는 반드시 4례(四禮)의 정신을 찾아 생활화하여야 될 것이다.

이에 감히 4례(四禮)의 기본상식을 약술한 바, 우리나라 인심
수습과 풍속진흥에 도움이 되기를 희망한다.

2. 성인식(冠禮)

인간의 가치는 자유의지에 의한 독립된 인격의 완성에 있다.

그러므로 어린이가 자라서 15~20살이 되면 성인의 의관을 갖
추어 입히고, 자(字)를 지어 주면서 관례(冠禮)를 거행하는 바,
이에 본인은 부모 형제에게 의지하던 유치한 생각이나, 무책임한
장난기를 버리고, 성인의 책무를 다하여 어버이에게 효도하고 나
라에 충성하며 사회에서 예의염치를 지켜야 함은 물론이지만, 사
회에서도 관례(冠禮)를 마친 사람은 새롭게 인격을 존중하여 어
른으로 대우할 것이요, 절대로 옛날처럼 어린이 취급을 해서는
안 된다.

오늘날 사람은 생일은 찾으면서도 관례(冠禮)는 무시하여 실행
한 사람이 없으니 이미 청장년이 되어서도 자기의 직분을 모르
는 사람이 있는 바, 큰 것을 버리고 작은 것을 찾는 경박한 습
속(習俗)의 소치이다.

3. 결혼식(婚禮)

성인(成人)은 혼자 살 수는 없는 것이요, 반드시 이성(異姓)의 남녀가 결혼하여 가정을 이룸으로써 위로 부모를 섬기고, 아래로 자손을 기를 수 있는 까닭에 이는 인륜의 대경(人経)이며, 사람의 행복과 불행이 부부사이에서 이룩되므로 이는 또한 만복의 근원이며 요수(夭壽)의 갈림길이다.

그러므로 배필을 구할 때는 마땅히 덕(德)을 살필 것이요 재물을 논해서는 안 된다.

사람의 은미(隱微)한 덕성(德性)을 살피려 할 때 어려움이 있는 까닭에 혼인의 도(道)는 의심을 숭상한 바, 대체로 부모의 관찰을 받을 필요가 있다.

혼례(婚禮)는 인간의 상도(常道)요, 사랑과 공경이 바탕이며, 가업을 이어 받는 중책이 있는 까닭에 혼례식에 참석한 사람은 격려와 축복은 할지언정 치하할 일은 아닌 것이다.

오늘날 신부의 아버지가 신부를 데리고 입장하는바 신부는 미성년이 아니니 과잉보호라고 할 것이다.

4. 상례(喪禮)

인생의 마지막 가는 길에 산 사람은 그를 편안히 보내야 할 의무가 있다.

인간은 존엄한 것이니 목숨이 끊어질 때까지 성실하게 간호해야 하고, 죽은 뒤에는 더욱 엄격하게 장례(葬禮)를 거행하여 천추(千秋)의 한(恨)을 남기지 말아야 한다.

그러므로 부부 자손 형제는 반드시 그를 정침(正寢)으로 모셔 임종(臨終)하여야 하며, 절명(絶命)하면 곡(哭)하여야 된다. 상주(喪主)는 정신을 수습하여 호상(護喪)을 세우고 예법절차에 어긋

남이 없이 삼일장(三日葬)을 거행해야 된다.

갈장(渴葬)은 인도정신에 어긋날 뿐만 아니라 인정에도 거슬리니 금해야 한다.

상주(喪主)는 시신(屍身) 곁을 떠나서는 안 되고, 고기와 술을 먹어서도 안 되며, 호상(護喪)은 영좌(靈座)를 설치하여 조문객을 안내한다. 친척은 영좌(靈座) 앞에서 먼저 곡하고 재배하고 분향하고 술을 올린 다음 재배한다.

상장(喪葬)의 예(禮)는 사자(死者)의 신분에 알맞게 하되, 죽은 사람으로 말미암아 정신적으로나 또는 물질적으로 산사람을 상하게 해서는 절대로 안 된다.

그러므로 상장(喪葬)에는 애통하면서도 예법에 따라야 하는데 또한 한갓 형식만 갖추려는 허식은 신을 속이는 행위이다.

발인식(發靷式)에는 친척붕우지인(親戚朋友知人)이 참석하여 영결(永訣)하고, 장례(葬禮)를 거행할 때 집사(執事) 이외에는 영구(靈柩)보다 앞서 가서는 안 되며, 장지(葬地)에 이르러서도 광분(壙墳) 이상으로 올라가는 것은 불경이다.

소상(小祥) 대상(大祥)도 예법대로 해서 옛사람의 3일을 애통(哀痛)하며, 3월을 근신(謹愼)하며 1년을 비애(悲哀)하며 3년을 우수(憂愁)하였다는 것을 알아둬야 한다.

5. 제례(祭禮)

제사(祭祀)는 산 사람의 신분으로 봉행하는 것이니, 가정의 형편대로 할 것이요, 분수를 넘어서는 안 된다.

다만 정성을 다하여 목욕재계하고 제수(祭需)를 정결하게 장만하여 예복을 갖추어 입어야 한다. 귀신(鬼神)은 정성에 흠향(歆饗) 하나니 정성을 발휘하면 귀신(鬼神)이 강림(降臨)하고, 정성이 없으면 귀신(鬼神)은 돌아간지라 아무런 의미가 없다.

제사(祭祀)를 지낸 날은 경건하게 유지(遺志)와 유업(遺業)을 생각하고, 거래(去來)나 연가(宴歌) 등은 금해야 한다. 오늘날 제사(祭祀)를 미신(迷信) 또는 허위(虛僞)라고 매도(罵倒)하는 사람이 있는데, 이는 몽매(蒙昧)한 소이(所以)다.

귀신(鬼神)이 있음을 생각하지 않을지언정 싫어할 수는 없는 것이다. 천하만물의 현상이 일체가 귀신(鬼神)의 작용(作用) 아님이 없는 까닭에 만일 귀신(鬼神)이 없다면 자기 자신도 존재할 수가 없는 것이다. 4례(四禮)의 구체적인 절차는 주자가례(朱子家禮)를 참고하면 될 것이며, 그 본래의 뜻을 이해하는 데는 소학(小學)을 읽는 것이 좋을 것이다.

사람이 예절을 어기면 사람노릇 못하는 것이니, 비록 번거롭더라도 한 번 착실히 익혀두면 평생 쓰고 남을 것이다.

제2절 성인식의 참뜻

관례(冠禮)는 성인(成人)의 책무를 부여하는 예식이다. 어린이가 부모의 슬하에서 자라나 15~20살이 되면 비로소 독립된 인격을 인정하는 성인으로 대우하여야 하는 바, 좋은 날을 받아 성인의 의복을 갖추어 입히고, 관례를 행하여 성인으로서 인생행로의 새 출발을 축복하는 것이다.

성인이란 육체적 성숙을 일컬을 뿐만 아니라 반드시 인격의 완성이 따라야 되므로 모름지기 사회의 제반 생활에서 예의를 지키고, 인간의 일체행위에서 염치를 아는 품격을 갖추어야 한다.

그러므로 관례를 행한 사람은 어린애의 유치한 생각이나 철없는 장난기를 과감히 버리고 당당한 사회의 한 구성원이 되어 어버이에게 효도하고, 나라에 충성하며, 질서와 신의를 지켜 성인의 모든 의리와 책무를 한 몸에 닦아, 스스로 자신의 행복을 경영하여 나가야 된다.

사람이 세상에 태어나서 이와 같이 무겁고 먼 길을 출발함에 부모와 스승이 자리를 함께하여 축복하고 깨우쳐 줌은 성인(聖人)의 넓은 인류애에서 만들어진 예법이자, 천하고금의 부모와 스승의 공통된 간절한 마음씨의 표시이다.

그러므로 관례를 행함에 있어 부모는 성인의 의관과 신발 및 술과 안주를 준비하고, 스승은 인생의 진리로 축복함과 동시에 자(字)를 지어주면서 한 사람의 앞날에 높고 넓은 소망을 거는 것이다.

이에 본인은 이와 같이 영광스러운 자리에서 스스로 마음속에 깊이 다짐하고 또 별님에게 앞길을 축원한 바, 하늘과 땅 사이에 떳떳한 인생의 길을 엄숙하게 출발하는 것이다.

관례에 반드시 성인의 의관을 맞춤은 의관이란 문화의 상징임과 동시에 의관을 바로 갖춤으로써 동작을 신중케 하고 안색을 장중케 하며 마음을 경건케 하여 인간의 존엄성을 드러나게 하는 까닭에 성인은 의관을 지극히 엄중히 하였다.

공자(孔子)는 복장으로써 문화인과 야만인을 구별하였고, 주공(周公)은 복장으로써 성인과 유년을 분별하였던 것이다.

그러나 의관(衣冠)은 시대에 따라 다른 까닭에 정자(程子)가 말하기를 "오늘날 사람이 관례를 행하면서 옛날의 옷을 맞추어 입고 관례를 치르는바, 관례가 끝나면 일상복으로 입지 않으니 이것은 허식이다. 반드시 당시에 입는 옷으로 해야 된다"라고 함과 같이 시대에 맞는 옷을 맞추어 입게 해야 본래의 뜻을 살릴 수 있을 것이다.

　또한 머리도 옛사람은 상투를 틀었으나 지금은 머리를 자르니 상투를 틀 수 없는 것이다.

　자(字)를 지어주어 이름대신 부르게 한 것은 이름(名)은 아버지가 생각하여 지어 준 것이니 매우 소중한 것이라 군사부(君師父) 이외에는 성인의 존명(尊名)을 감히 부를 수가 없는 것이다.

　그러므로 스승이 자(字)를 지어주어 누구나 부르게 함은 이름을 삼가하여 인격을 높여 주려는 것이다.

　축복하는 말에 수(壽)를 강조하는 것은 인생의 오복(五福)가운데 수가 첫째요, 육극(六極) 가운데 흉단절(凶短折)이 가장 비참한 것인 까닭에 아무쪼록 오래 살아 행복을 누리도록 선덕(善德)을 원만하게 밝히는데 가장 힘쓰라는 뜻이다.

　여자의 성인예식은 남자와 똑같은 절차이나 주관하는 사람이 주인대신 주부(主婦)가 하고 손님도 여선생으로 하며 수행원, 안내인, 집사 등 모두 여자로 하였다.

　불행히 부모나 조부모가 없는 사람은 주인이나 주부가 없이 손님만 모시고 스스로 관례를 행한다.

　의관이나 음식은 소박하고 간결함을 숭상하였으니 천하인류가 모두 거행하는 상사(常事)이기 때문이다.

　절하는 법은 무릎을 땅에 대는 것이 ‘무릎꿇어’, 궁둥이를 발에 대는 것이 ‘앉음’, 앉아서 손을 합쳐 땅에 대는 것이 ‘절’, 이마를 손위에 얹는 것이 큰 절인데 재배(再拜)는 절의 올바름이요, 일배(一拜)는 절의 줄임이요, 삼배(三拜)는 개인이 여러 사람에게 합동으로 절할 때 쓰고, 답배(答拜)는 한 자리 받으면 한 자리하고, 또 한 자리 받으면 또 한 자리하며, 공동으로 받은 절은 삼배(三拜)를 다 받은 뒤에 함께 한 자리만 한다.

읍(揖)은 두 손을 맞잡고 드는 것인데 선채로 하는 절이다. 손을 눈에 까지 들어올리면 최고존경(最高尊敬), 손을 입에까지 들어올리면 보통존경(普通尊敬)이다.

걸음걸이는 방 안에서는 잔걸음, 마당에서는 큰 걸음, 좌우로 갈 때는 직각으로 돌고, 어른 앞에서는 발끝걸음이다.

설 때는 바르고 의젓하게 손을 모으고 서며, 말은 안정된 음성으로 또박또박하며, 앉을 때는 엄숙한 모습으로 어깨를 나란히 펴고 허리를 곧게 하여 머리를 정면으로 하여야 한다. 이런 것을 아는 성인이 된 연후에 가히 혼인을 시킬 수가 있는 것이다.

제3절 전통성인식절차

1. 손님을 맞이함

▨ 주인 이하 깨끗한 복장으로 제자리에 나가 선다. 주인은 섬돌아래 조금 동쪽에 서쪽을 향하여 서고 자제와 친척은 그 뒤에 여러 줄로 서쪽을 향하여 북쪽을 위로 하여 선다.

자제나 친척가운데서 예를 익힌 사람을 뽑아 안내인이 되게 하여 대문밖에 서쪽을 향하여 선다. 장차 관을 쓸 사람은 한복을 입고 방 가운데 남쪽을 향하여 선다. 손님은 스스로 그 자제 친척 가운데서 수행원을 삼고 문 밖에 이르러 예복을 갈아입고 동쪽을 향하여 선다. 수행원은 그 옆에 조금 물러서서 선다.

○ 안내인이 들어와 주인에게 아뢰기를 "손님이 오셨으니 주인께서는 나가 맞이하십시오." 주인이 문밖 왼쪽에 나가 손님을 맞이하여 서쪽을 향하여 손님에게 재배한다. 손님이 답하여 재배한다. 주인이 수행원에게 읍한다. 수행원도 답하여 읍한다.

○ 주인이 손님에게 읍하며 "계단에 먼저 오르십시오."한다. 손님이 답하여 읍하고 "감히 못합니다."

▨ 주인이 먼저 문에 들어가 오른쪽에 선다. 손님과 수행원이 문에 들어와 왼쪽에 선다. 주인과 손님이 함께 읍하고 각각 길을 따라 마당으로 들어간다. 주인이 계단 앞에 이르러 읍하면 손님도 읍한다. 주인이 먼저 오르시라고 세 번 요청한다. 손님도 주인이 먼저 오르시라고 세 번 사양한다. 주인이 섬돌로 먼저 올라가 조금 동쪽에 서향으로 선다. 손님도 서쪽 계단으로 계속 올라가 동쪽을 향하여 선다.

2. 관례를 준비함

▨ 수행원이 세면소로 가서 세수를 하고 손을 닦는다. 수행원이 서쪽 계단으로 올라가 방에 들어가서 관 올릴 사람 동쪽에 서쪽을 향하여 선다. 안내인이 섬돌 위의 동쪽 조금 북쪽으로 서쪽을 향하여 관 씌울 자리를 설치한다. 장차 관을 쓰는 사람은 방에서 나와 남쪽을 향하여 선다. 손님이 읍한다. 장차 관을 쓸 사람은 자리에 서서 오른쪽을 향하여 선다. 수행원은 빗을 가져다가 자리 남쪽 끝에 놓고 일어나서 관 쓸 사람 왼쪽에 서쪽을 향하여 선다. 손님이 읍한다. 장차 관을 쓸 사람은 자리에 나아가 서쪽을 향하여 무릎 꿇는다. 수행원도 자리에 나가 서쪽을 향하여 무릎 꿇는다. 수행원이 관 쓸 사람 머리를 빗기고 계단 아래로 내려온다. 손님도 내려온다. 주인도 섬돌 아래로 내려온다.

손님이 세면소로 가서 세수하고 손을 닦고 서쪽 계단 아래 자리로 돌아온다. 주인이 읍한다. 손님도 읍한다. 주인이 섬들로 올라가 제자리에 선다. 손님도 서쪽 계단으로 올라가 제자리에 선다.

3. 관례를 행함

◻ 집사가 관을 받들고 서쪽 계단 1단 아래에서 동쪽을 향하여 손님에게 드린다. 손님이 서쪽 계단을 1단 내려와 관을 받아 수행원에게 준다. 손님이 관 쓸 사람 앞에 나아가 동쪽을 향하여 선다. 수행원은 관을 가지고 손님을 따라가 선다.

◻ 손님이 처음 관을 씌우면서 축복하여 말하기를 "좋은 달 아름다운 날에 처음으로 어른의 옷을 입히니 너는 어린 마음을 버리고 어른의 덕을 잘 따르면 너의 앞날이 상서로움이 있어 큰 복을 더 많이 받으리라"

◻ 수행원이 관을 손님에게 드린다. 손님이 관을 받아 무릎을 꿇고 관을 씌운다. 손님이 제자리로 돌아간다. 수행원이 관에 끈을 매어준다. 관 쓴 사람이 일어난다. 손님이 읍한다. 관 쓴 사람이 방으로 들어가 처음 입었던 옷을 벗고 새로 예복을 입고 방을 나와 남쪽을 향하여 선다. 손님이 읍한다. 관 쓸 사람이 자리에 나가 무릎을 꿇는다. 손님이 내려온다. 주인이 내려온다. 손님이 세면소로 가서 손을 씻고 계단 아래 제자리로 돌아온다. 주인이 읍한다. 손님도 읍한다. 주인이 섬돌로 올라가 제자리에 선다. 손님이 서쪽 계단에 올라가 제자리에 선다. 집사가 유관을 서쪽 계단 아래에서 드린다. 손님이 서쪽 계단 두 칸을 내려와서 유관을 받아 수행원에게 준다. 손님이 관 쓸 사람 앞에 나가 선다. 수행원도 따라 온다.

◻ 손님이 두 번째 옷을 입히면서 축복하여 말하기를 "좋은 달 아름다운 때에 이에 거듭 너의 옷을 다시 입히니 네 거동을 공경히 하며 너의 덕을 아름답게 이루면 눈썹이 길도록 오래오래 만년을 살아 길이길이 행복을 누리리라"

◻ 수행원이 관을 벗긴다. 손님이 무릎을 꿇고 유관을 씌우고

일어나 제자리로 간다. 수행원이 유관 끈을 매준다. 관 쓴 사람이 일어난다. 손님이 읍한다. 관 쓴 사람이 방으로 들어가 예복을 벗고 관복을 입고 밖으로 나와 남쪽에 선다. 손님이 읍한다. 관 쓴 사람이 자리로 가서 무릎 꿇는다. 손님이 내려온다. 주인도 내려온다. 손님이 세면소로 가서 손을 씻고 계단 아래 자리로 돌아온다. 주인이 읍한다. 주인과 손님이 서로 읍한다. 주인은 섬돌로 올라가 제자리에 선다. 손님도 서쪽 계단으로 올라가 제자리에 선다. 집사가 사모를 서쪽 계단 아래에서 드린다. 손님이 계단 아래 내려와 사모를 받아 수행원에게 준다. 손님이 관 쓸 사람 앞으로 간다. 수행원도 따라 간다. 손님이 세 번째 옷을 입히면서 말하기를 "좋은 해 아름다운 달에 너에 옷을 모두 입히노니 형제가 모두 같이 살아 그 덕을 이루면 수염이 노랗고 얼굴이 쭈글쭈글 할 때까지 끝없이 하늘의 경복을 누리리라" 수행원이 유관을 벗긴다. 손님이 무릎 꿇고 사모를 씌운다. 손님이 일어나 제자리에 온다. 수행원이 사모끈을 매준다. 관 쓴 사람이 일어난다. 손님이 읍한다. 관 쓴 사람이 방에 들어가 도포를 벗고 한복으로 갈아입고 방에서 나와 남쪽을 향하여 선다.

4. 별님에게 제사지냄

▨ 안내원이 자리를 강당 가운데에 조금 서쪽으로 남쪽을 향하여 설치한다. 수행원이 방에 들어가 세수하고 잔을 씻어 술을 따라 가지고 방을 나와 관 쓴 사람의 왼쪽에 선다. 손님이 읍한다. 관 쓴 사람이 자리 오른쪽에 나아가 남쪽을 향하여 선다. 수행원이 서쪽을 향하여 술잔을 손님에게 드린다. 손님이 술잔을 받아 들고 자리 앞에 나가 북쪽을 향하여 선다.

▨ 손님이 별님에게 제사지내라고 축원하여 말하기를 "맛있는

술이 이미 맑아 향기로우니 신령에게 드릴만하다. 절하고 받아서 별님에게 제사지내고 너의 상서로운 마음씨를 고이 간직하여 하늘의 아름다운 덕을 이어 받아 오래오래 늙을 때까지 잊지 마시오”

▨ 관 쓴 사람이 재배하고 자리에 올라가 남쪽을 향하여 잔을 받는다. 손님이 제자리로 돌아와 동쪽을 향하여 답하여 절한다. 수행원이 음식을 가지고 방을 나와 자리 앞에 축제상에 놓는다. 관 쓴 사람이 자리 앞에 무릎 꿇는다. 왼손으로 잔을 잡고 오른손으로 포와 삶은 고기를 반제 지낸다. 술을 반제 지내고 일어나 자리 끝에 나아가 무릎 꿇고 술을 마신다. 일어나 자리에서 내려와 술잔을 수행원에게 준다. 수행원이 술잔을 집사에게 준다. 집사가 잔을 받고 음식을 거둔다. 수행원이 물러와 손님 왼쪽 뒤로 동쪽을 향하여 선다. 관 쓴 사람이 남쪽을 향하여 손님에게 재배한다. 손님이 동쪽을 향하여 답하여 절한다. 관 쓴 사람이 수행원에게 절한다. 수행원이 동쪽을 향하여 답하여 절한다. 손님이 계단을 내려와 동쪽을 향하여 선다. 주인도 섬돌을 내려와 서쪽을 향하여 선다.

5. 자(字)를 지어줌

▨ 관 쓴 사람이 계단을 내려와 조금 동쪽에 서쪽을 향하여 선다.

▨ 손님이 관 쓴 사람에게 자(字)를 지어주고 축사를 한다. “예식을 이미 갖추어 아름다운 달 길한 날에 밝게 너의 자를 가르쳐주노니, 이 자는 대단히 아름다우니 뛰어난 사람에게 마땅한 바 어른이름으로 적합하니 길이길이 받아서 아름답게 보존하라”

▨ 관 쓴 사람이 말하기를 “제가 비록 영민하지 못하나 감히 밤낮으로 경건히 받들지 아니 하리까”

◫ 관 쓴 사람이 절한다. 손님이 주인에게 읍한다. 주인이 손님에게 답하여 읍한다. 손님이 밖으로 나간다. 수행원과 여러 손님도 모두 따라 나가서 쉰다.

6. 관 쓴 사람이 사당과 어른에게 뵈임

◫ 주인은 관 쓴 사람을 데리고 사당으로 가서 선조에게 아뢰어 말하기를 "아무개의 아들 아무개가 오늘 관례를 마쳤으므로 감히 뵈이나이다"

◫ 관 쓴 사람이 강당으로 와 어른과 부모형제, 숙부께 인사드린다.

7. 손님에게 사례함

◫ 안내원과 수행원이 강당에 자리를 만든다. 손님의 자리는 창앞 남쪽을 향하고 주인 자리는 섬돌 위 서쪽을 향하고 다음 손님은 서쪽 계단 위 동쪽을 향하고 여러 손님은 손님 자리의 서쪽에 남쪽을 향하여 설치한다. 주인의 친속들은 주인 뒤에 서쪽을 향하여 설치한다. 탁자를 가운데 설치한다. 술과 안주를 갖춘다. 주인이 손님에게 나아가 맞이한다. 주인이 먼저 올라오고 손님과 수행원과 안내원 집사들과 여러 친척들이 각각 차례로 올라와 제자리에 앉는다. 주인이 손님에게 술 한 잔을 권하고 손님이 주인에게 술 한 잔을 권한다. 다음 여러 손님에게 간단하게 술 한 잔씩 권한 뒤 손님이 물러가면 수행원과 여러 손님도 물러간다. 관 쓴 사람이 밖으로 나가 마을 어른들에게 뵈이고 돌아온다.

冠禮圖

室
酒脯
酒
將冠者
房
洗手位
한복 관복 도포
고구제
신우화
贊者
醮位
堂
冠者
櫛
冠位
贊者
贊者
主人
賓
賓祝位
계단
섬돌
보
報事
冠者
執禮
賓
字位
庭
主人
洗所
冠儒冠紗帽
衆賓
親戚子弟
賓
主人
贊
儐

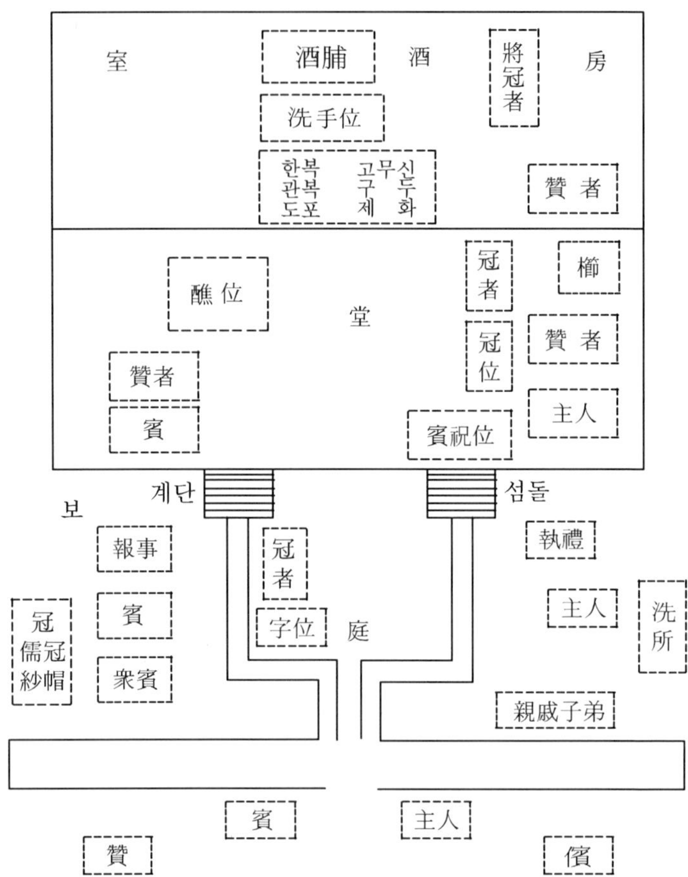

제2장 결혼식

제1절 한문서식

1. 사성(四星)(신랑집에서 신부집에 보냄)

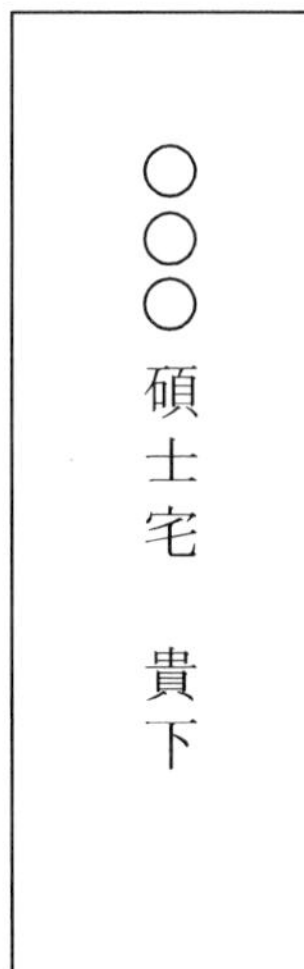

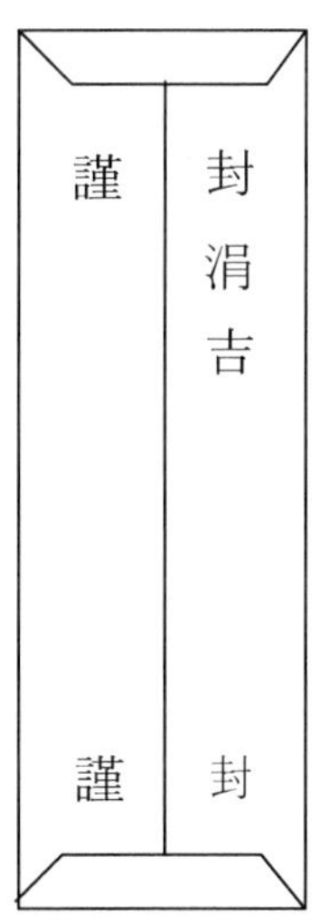

2. 택일(擇吉日) 서식(신부집에서 신랑집에 보냄)

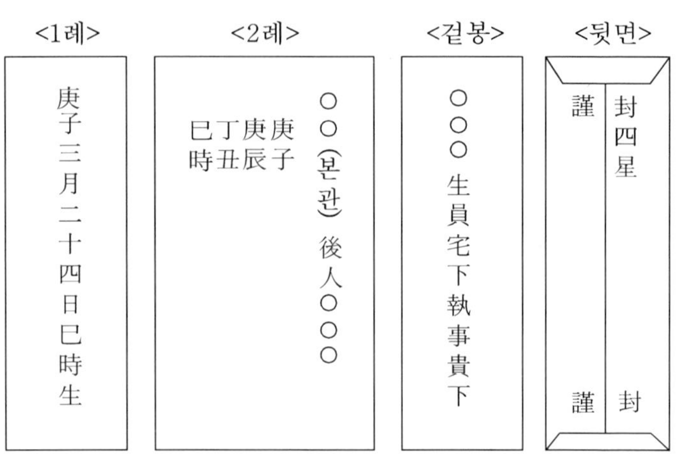

3. 혼서식(婚書式)

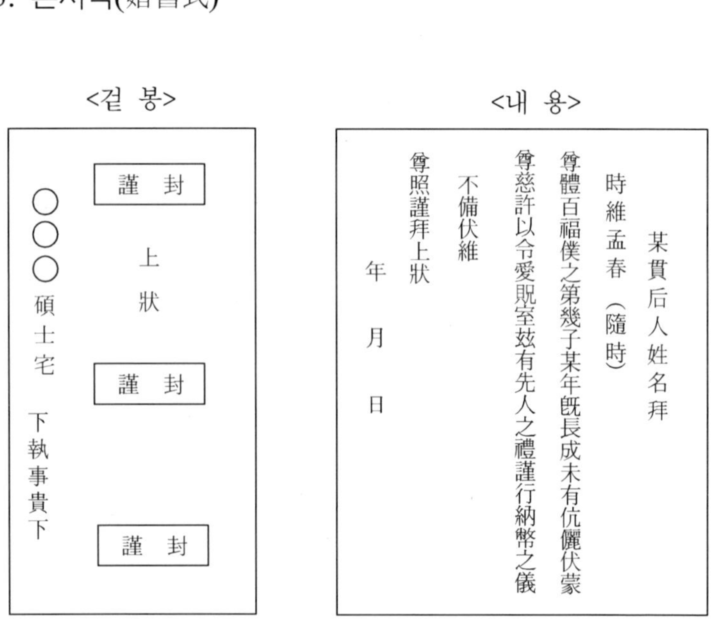

제2절 혼인의 뜻

결혼식은 두 사람의 사랑을 하나로 결합하여 위로 조상을 섬기고 아래로 후손으로 이어주는 예식이다. 한번 결혼하여 배필(配匹)이 되면 한평생 헤어지지 않기 위하여 여러 가지 절차를 거친 다음 서로 확신을 가진 뒤에 결혼식을 거행하는 것이요, 이 결혼식을 증명하기 위하여 즉시 나라에 혼인신고를 하며, 조상의 사당에 아뢸 뿐만 아니라 마을과 동료 및 벗들에게 알리는 것이다.

혼인의 순결과 자유의사(自由意思)를 존중하는 까닭은 결혼 생활의 행복을 축원하고자 함이니 신랑이 스스로 가서 신부를 맞이하여 오게 함과 동시에 신부도 스스로 신랑을 따라가게 하였다. 이것은 완전한 자유를 보장해 주려는 뜻인 것이다.

그러므로 신랑의 아버지는 혼인날 아침에 방에서 아들에게 술 한 잔을 주며 명령하기를 "가서 너의 짝을 맞이하여 우리 집안일을 계승하되 힘써 공경심으로 거느리고, 너의 어머니의 직분을 이을 사람이니 너는 곧 신부 앞에서 잘난 척을 하지 말라." 아들이 말하기를 "네, 오직 감당하지 못할까 두렵거니와 감히 명령을 잊지 아니 하오리다."라고 하며, 신부의 아버지는 딸을 시집보냄에 방안에서 명령하여 말하기를 "경계하고 공경하여 아침저녁으로 시아버지 시어머니의 명령을 어기지 말아라."라고 하고, 신부의 어머니는 대청에서 주머니를 주면서 이어 말하기를 "힘쓰고 공경하여 아침저녁으로 남편의 일을 그르치지 말아라."라고 하며, 여러 천척들은 시집가는 마당에서 신부에게 가죽띠를 주면서 거듭 어버이의 명령을 강조하여 말하기를 "조심하며 공손히 들을지니, 너의 아버지와 어머니의 말씀을 으뜸으로 하여 아침저녁으로 허물이 없게 하여라. 너에게 준 이 주머니와 가죽띠를 가끔 보고 그 말씀 생각하여 잊지 말도록 하여라."라고 간절히 부탁한 것이다.

무릇 혼례는 만세(萬世 · 萬代)의 시작이라, 다른 성씨(姓氏)에서 배필을 찾는 까닭은 먼 사람들과 친하게 지내고자 함이니 민족의 동화력(民族同和力)과 개방사회건설(開放社會建設)을 이루고자 함이다. 알지 못했던 사람을 철저히 믿는데서 분별이 생기나니 혼인을 통하여 자기의 인격을 더욱 닦고자 함이다. 그러므로 예물은 반드시 정성을 갖추며, 말씨를 착하고 두텁게 하지 아니함이 없고 말하는 것을 그대로 믿어 의심하지 아니하는 것이다. 믿음이 사람을 따르게 하니 믿음직한 사나이가 되어야 남편의 길을 갈 수 있고, 믿음직한 새아씨가 되어야 아내의 덕을 이룰 수 있으므로 한 번 더불어 나란히 만나서 그 몸이 다하도록 바꾸지 아니하게 된다.

결혼식장에 사나이가 아가씨보다 먼저 들어가는 것은 씩씩하고 부드러운 것의 활동하는 의리(義理)이다, 하늘은 땅보다 앞서고, 굳센 이는 여린 이보다 앞서니 자연의 법칙과 사람의 마음에 따른 것이다. 그러므로 신랑은 신랑의 옷을 입고, 신부는 신부의 옷을 입고 나서 처음 서로 보는 맞절을 하나니 이것은 그 직분을 아름답게 문채 내는 바이다. 남편과 부인이 분별이 있은 다음에 아버지와 아들이 친하고, 아버지와 아들이 친한 다음에 은혜를 갚고 의리(義理 · 道理)를 다하나니, 의리를 다한 다음에 예절을 갖추고, 예절을 갖춘 다음에 모두 편안하므로 모름지기 남편은 남편의 도리에 힘쓰고, 아내는 아내의 도리에 힘써야 하느니라.

며느리를 맞이한 집에서 3일 동안 풍악을 울리지 않고, 밤에도 신방에 촛불을 끄지 아니한 것은 어버이의 뒤를 이을 일을 생각하기 때문이다. 아들이 혼인을 하였다는 것은 어버이가 이미 늙었다는 뜻이라 혼인을 즐거워하기 보다는 오히려 늙음을 안타까워할 줄 알아야 된다. 그러므로 결혼식에 치하(致賀)를 아니 하나니 사람의 대(代)를 이어가는 차례이기 때문이다.

제3절 신랑 신부에게 주는 글

이제 상서(祥瑞)로운 축복을 받으며 대례(大禮)를 올린 신혼부부의 앞길에 행복이 가득하기를 우리 모두 함께 축원하면서 아울러 오늘의 신혼여행이 더욱 보람되게 하기 위하여 삼가, 행실 높은 양가 어른의 명령을 명심하고, 훌륭한 주례의 말씀을 상기하면서 몇 마디 당부하는 바입니다.

일가친족과 친지를 모신 성스러운 자리에서 어떠한 경우라도 항시 서로 사랑하고 존중하며 집안 어른을 공경하고 진실한 남편과 아내가 되어 일생동안 고락을 함께 할 한 쌍의 부부가 되기로 굳게 맹세하였습니다.

모름지기 사나이가 어른이 되어 장가를 들고, 아가씨가 어른이 되어 시집을 가는 것은 하늘땅의 섭리요, 인간의 윤리이며, 어버이의 뜻입니다. 그러므로 신랑과 신부의 양쪽 집에서는 오늘부터 사흘 동안 밤새도록 청사초롱에 불을 밝히고, 동방화촉 아래에서 신랑 신부가 아름다운 연분을 맺어 새로운 보금자리를 꾸미고 즐거운 꿈나라를 설계하기를 간절히 기원하는 것입니다.

화려하고도 장엄한 이 날에 순결한 정신으로 사랑하고 공경하며 둘이 화합하여 윤리도덕을 지켜서 금슬 좋은 부부가 되는 길로 새 출발 하여야 될 것입니다.

혼인의 숭고한 뜻은, 첫째 신랑 신부 두 사람의 몸과 마음이 한 덩어리가 되어 그 정신을 통일하는데 있습니다. 부부가 일심동체로 사랑하여 그 얼과 넋을 모두 배합하여 새롭게 큰 한 덩어리로 버무려 빚으면 이에 지극히 신비로운 기운과 빛깔이 집안에 가득히 피어나서 그 몸과 마음이 참으로 자유자재 하여 조금도 허전하거나 걸림이 없어서 활기찬 힘이 솟아 나오고 생기가 넘치어 신바람이 나서 손발이 저절로 춤추는 것이니 이것이 결혼의 본의요, 하늘이 맺어준 배필의 원상입니다.

다음은 아직 정신을 통일하여 혼연일체가 되지는 못하였으나 서로 참고 자제하면서 예절을 지켜 항상 공경하고 사양하고 감사하면서 두 사람의 힘을 한데 모아 상부상조하며 사는 것인데 어찌 보면 안타깝기도 하지만 금방 마주앉아 웃다가 금방 돌아앉아 싸우면서도 오래 살다보면 미운 정 고운 정 다 들어서 아주 단란하고 즐거운 부부가 되는 것입니다.

젊은 남자와 여자가 만나서 함께 삶에 어찌 금방 얼과 넋을 한데 버무릴 수 있으리요! 살아가면서 점점 정이 깊어지고, 어버이 섬기고, 자식 기르다 보면 자연히 그 정신이 하나가 되는 것이니 너무 조급히 서두를 일이 아닙니다.

마지막으로 쓸데없이 우쭐대거나 하염없이 고집만 부리는 무리한 요구에 억지로 사는 부부가 있습니다. 전혀 감동도 없고, 아무 재미도 없는데도 불구하고 오로지 자기 한 사람의 뜻에만 맞추어 추종(追從)하라는 것이니 차마 사람이 사는 길이 아닙니다.

그래도 굴종(屈從)하지 않을 수 없는 것은 별다른 능력이 없고 형편이 곤란하여 부득이 견디고 있으나 끝끝내 그 나쁜 버릇을 고치지 아니한다면 반드시 파탄이 오고 마는 것입니다.

부부는 본래 하나이면서 둘이요 둘이면서 하나이니, 남편의 성공이 부인의 내조에 있고, 아내의 행복이 남편의 사랑에 있는 공동운명체인 가족인데, 어느 한쪽이 인격주체를 상실하고 압제와 굴종 속에 놓인다면 이것은 벌써 비인도적인 포학(暴虐)이요, 인륜의 파탄(破綻)인 것입니다.

무릇 부부관계는 한쪽의 희생 위에서 절대로 원만할 수 없고, 오로지 연리목(連理木)과 비익조(比翼鳥)처럼 항상 공존공생하는 것이니 조금이라도 제 뜻만 맞추라고 강요하거나 제 고집만 부리고 토라져서는 아니 되는 것입니다. 대개 얼과 넋을 한 데 버무린 가문은 하늘의 끝없는 축복을 누릴 것이요, 힘과 슬기를 한 데 모으는 가정은 많은 사람의 도움을 받을 것이요, 자기의 고집만 강요하는 부부는 자기의 것만 소유할 것입니다.

단군왕검은 일찍이 한겨레가 보람 있게 사는 길을 크게 가르쳐 주었으니 곧 홍익인간(弘益人間)하고, 접화군생(接化群生)하며, 이화세계(理化世界)하라는 것입니다.

홍익인간은 인류사회에 크게 유익한 사람이 되는 것입니다. 세상에 쓸모가 있고 남을 돕는 사람은 먼저 자기의 인격을 함양하여 굳건한 독립주체를 확립하여 자주 자립하는 사람이 되어야 할 것입니다. 성실·정직·근면을 신조로 씩씩하게 살면서 자기 손으로 가정을 이룩하여 어버이에게 효도하고 나라에 충성하는 사람이 되어야 합니다.

만일 건강한 몸으로 스스로 힘써 자립할 생각은 아니하고 염치없이 부모의 유산을 다투거나, 처가의 재산을 넘보는 것은 아예 한국인의 정신이 아닙니다. 날래고 씩씩한 한국정신은 부귀나 빈천을 초월하여 사람답게 사는 떳떳한 길을 추구합니다.

접화군생은 직접 만나서 사귀어 함께 모여 사는 것이니, 사람이 아무리 잘나도 교만하고 인색하면 같이 더불어 살수가 없고 또한 사람이 아주 못나서 더럽고 추잡해도 직접 사귀지 못하는 것입니다. 항상 분수를 지켜 남과 잘 어울리고 바른 행실로 함께 모여 살아야 할 것입니다.

어버이의 뜻을 받들면 부모와 자녀가 친근하고, 남편과 아내가 예절을 지키면 살림살이에 분별이 있을 것이니, 이에 나의 고집을 버리고 남을 따라서 위아래 안팎을 가지런히 하고 앞뒤 살피고 좌우 가려서 두루 화목하게 지내야 길이 번영을 누리게 됩니다.

이화세계는 이 땅을 우리 힘으로 가장 아름답고 살기 좋은 낙원으로 만드는 것이니, 온갖 슬기를 모두 모으고 있는 힘을 모두 발휘하여 지선(至善)의 이상세계를 건설하는 것입니다. 인간의 괴로움을 모두 벗어 버리고, 인생의 질곡을 모두 풀어서 첫째 홀아비, 과부, 고아, 자식 없는 늙은이가 없게 하고, 가난과 질병에 시달리는 사람이 없게 하며, 원한에 사무치거나 죄악에 떠는 사람도 없게 하여 누구나 오래오래 살면서 부귀를 누리고 공명을 세우며, 건강하고 안락하며 착한 일 많이 하고 소원 성취하는 세상을 만드는 것입니다.

속담에 말하기를 천릿길도 한 걸음부터라고 하였으며 옛말에 이르기를 두 사람이 마음을 하나로 뭉치면 그 날카로움이 쇠도 끊으며, 얼과 넋을 한 덩어리로 버무린 사람의 말은 그 향기가 난초와 같다고 하였습니다. 어찌 이 모든 일이 한꺼번에 갑자기 완성되는 묘법이 있으리요만, 다만 신랑신부가 처음 만나 부부가 되어 희망에 찬 앞날을 설계하는 신혼여행길에 밝은 빛으로 인도하고자 함인즉 신랑신부의 믿음직한 다짐이 있기를 바랍니다.

드넓은 인간애가 부부애에서 비롯하고 드높은 국풍(國風)이 가풍(家風)에서 말미암은 것입니다. 부디 두터운 사랑으로 멋있는 가정꾸미소서!

제4절 촌수표

친족 촌수표

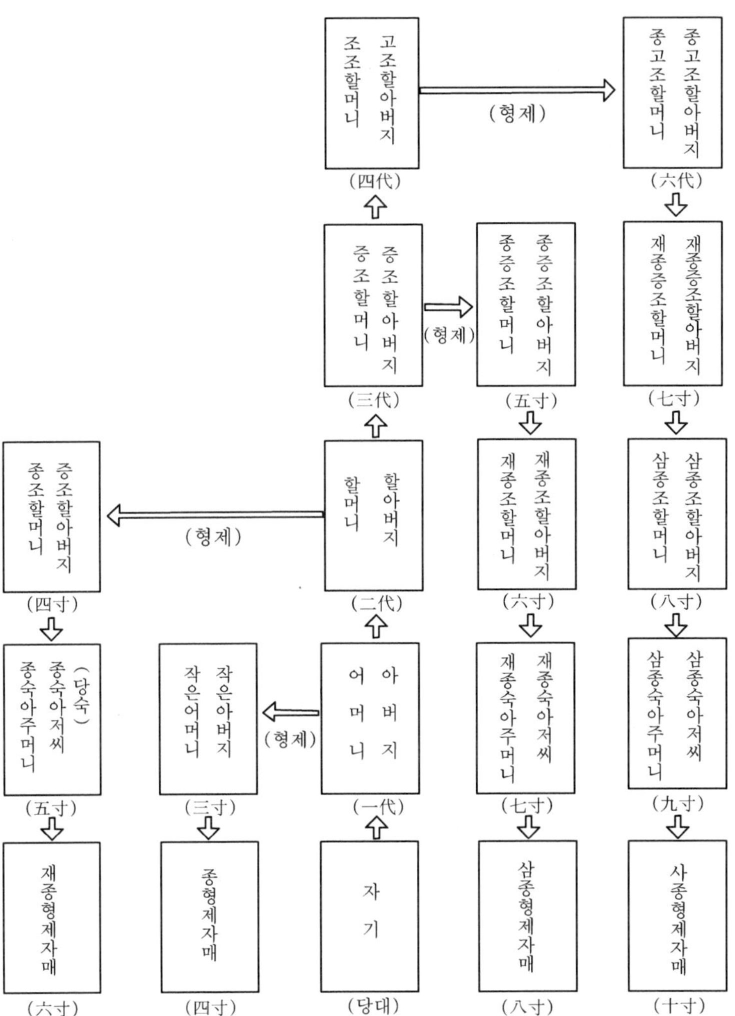

남매간(內從) 촌수표

高祖父 고조할아버지 (四代)
高大姑母·夫 고대고모·부 (內六寸)
曾祖父 증조할아버지 (三代)
王大姑母·夫 왕대고모·부 (內五寸)
內再從祖·母 내재종조·모 (內六寸)
祖父 할아버지 (二代)
大姑母·夫 대고모·부 (內四寸)
內再從叔·母 내재종숙·모 (內七寸)
父 아버지 (一代)
內從叔·母 내종숙·모 (內五寸)
姑母·夫 고모·부 (內三寸)
(남매)
나 (당대)
內再從兄弟 내재종형제 (內六寸)
內從兄弟 내종형제 (內四寸)
內三從兄弟 내삼종형제 (內八寸)

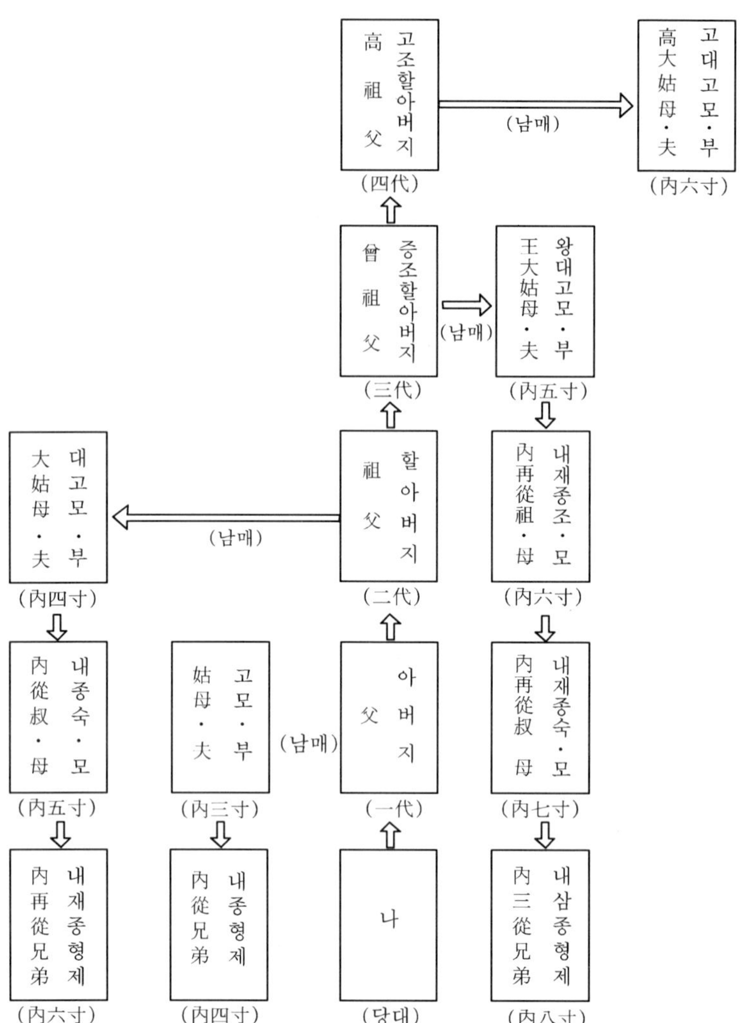

외가(外家) 촌수표

외고조할아버지 / 외고조할머니 (外四代)
외증조할아버지 / 외증조할머니 (外三代)
(형제)
외종증조·모 / 外從曾祖·母 (外五寸)
외재종조·모 / 外再從祖·母 (外六寸)
외할아버지 / 외할머니 (外二代)
(형제)
외종조·모 / 外從祖·母 (外四寸)
외종숙·모 / 外從叔·母 (外五寸)
외재종형제 / 外再從兄弟 (外六寸)
외숙·모 / 外叔·母 (外三寸)
외종형제 / 外從兄弟 (外四寸)
어머니 (一代)
나 (당대)
이모·부 / 姨母·夫 (外三寸)
이종형제 / 姨從兄弟 (外四寸)
외재종숙·모 / 外再從叔·母 (外七寸)
외삼종형제 / 外三從兄弟 (外八寸)

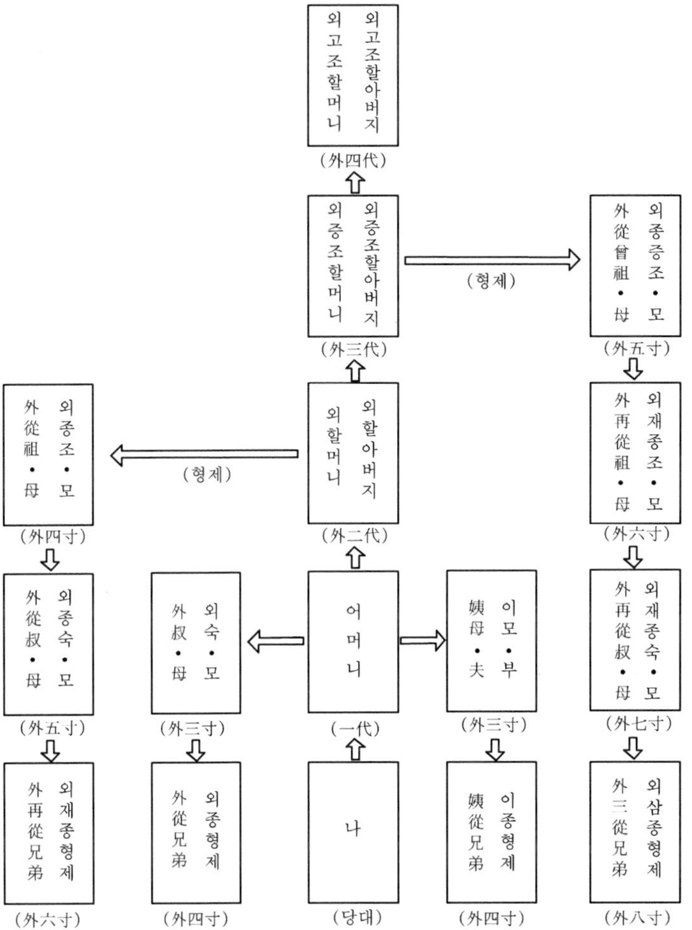

제5절 친족간의 호칭

자기집안 호칭

호 칭	특 별 호 칭	관 계
아 버 지 어 머 니	부친(父親) 가친(家親) 모친(母親) 자친(慈親)	나를 낳아주신 분 나를 길러주신 분
할아버지 할 머 니	조부(祖父) 조모(祖母)	아버지의 아버지 아버지의 어머니
증조할아버지 증조할머니	증조부(曾祖父)한 할아버지 증조모(曾祖母)한 할머니	할아버지의 아버지 할아버지의 어머니
고조할아버지 고조할머니	고조부(高祖父) 높은 할아버지 고조모(高祖母) 높은 할머니	증조할아버지의 아버지 증조할아버지의 어머니
남 편 아 내	부(夫) 가장(家丈) 처(妻) 내자(內子)	지애비, 아비 지어미, 자기부인
아 들 며 느 리	가아(家兒) 돈아(豚兒) 자부(子婦)	내가 낳은 사내아이 아들의 아내
딸 사 위	여식(子息) 서랑(婿郞)	내가 낳은 여자아이 딸의 남편
형 형 수	장형(長兄) 사백(舍伯) 사중(舍仲) 큰형수(長兄嫂)	손위형제 형의 부인
아 우 제 수	사제(舍弟) 동생 제수(弟嫂)	손아래 동생 아우의 아내
누 이 자 형	가매(家妹) 언니 자형(姉兄) 매형(妹兄)	손위 남매 누이의 남편
누이동생 매 제	매(妹) 가매(家妹) 매부(妹夫) 매제(妹弟)	손아래 자매 누이동생의 남편
큰아버지 큰어머니	백부(伯父) 중백부(仲伯父) 백모(伯母) 중백모(仲伯母)	아버지의 큰형 아버지의 형수
작은아버지 작은어머니	숙부(叔父) 계부(季父) 삼촌(三寸) 숙모(叔母)	아버지의 동생 아버지의 제수

호 칭	특 별 호 칭	관 계
당 숙 당 숙 모	당숙(堂叔) 종숙(從叔) 당숙모(堂叔母) 종숙모(從叔母)	아버지의 四寸형제 아버지 四寸의 부인
재 당 숙 재당숙모	재당숙(再堂叔) 재종숙(再從叔) 재당숙모 재종숙모	아버지 六寸의 형제 아버지 六寸의 부인
종 조 부 종 조 모	종조부(從祖父) 종조모(從祖母)	할아버지의 형제 할아버지의 형수, 제수

시집의 호칭

호 칭	특 별 호 칭	관 계
시아버님 시어머니	시부(媤父) 시아버지 시모(媤母) 시어머니	남편의 아버지 남편의 어머니
시 숙 동 세 동 서	시숙(媤叔) 서방님 동시(同媤) 형님 동서(同婿)	남편의 형, 시아주버니 남편의 형수 남편형제의 아내
시 동 생 시 누 이	기혼은 서방님, 미혼은 도련님 시매(媤妹), 기혼손위는 형님, 손아래 는 아우, 미혼은 아가씨	남편의 아우 남편의 자매, 아가씨

외가집 호칭

호 칭	특 별 호 칭	관 계
외할아버지 외할머니	외조부(外祖父) 외조모(外祖母)	어머니의 아버지 어머니의 어머니
외 숙 외 숙 모	외숙(外叔) 외삼촌(外三寸) 외숙모(外叔母)	어머니의 남자형제 외삼촌의 부인
외 사 촌 외 종 수	외종(外從)형제 외종수(外從嫂)	외삼촌의 아들 외삼촌의 며느리
외 당 질 외당질부	외당질(外堂姪) 외당질녀 외당질부(外堂姪婦)	외사촌의 아들 딸 외사촌의 며느리
진외당숙	진외당숙(陳外堂叔)	아버지의 외사촌

고모집안의 호칭

호 칭	특 별 호 칭	관 계
고 모 고 모 부	고모(姑母) 고모부(姑母夫) 고숙(姑叔)	아버지의 여자 형제 고모의 남편
당 고 모 재당고모	당고모(堂姑母) 재당고모(再堂姑母)	아버지의 사촌누이 아버지의 육촌누이
내종형제 대 고 모	내종사촌(內從四寸) 대고모(大姑母)	아들의 아들 고모 아버지의 고모

처가집 호칭

호 칭	특 별 호 칭	관 계
장 인 장 모	장인(丈人) 빙장 장모(丈母) 빙모	아내의 아버지 아내의 어머니
처 백 부 처 백 모	처백부(妻伯父) 처백모(妻伯母)	아내의 큰아버지 아내의 큰어머니
처 숙 부 처 숙 모	처숙부(妻叔父) 처숙모(妻叔母)	아내의 작은아버지 아내의 작은어머니
처 남 처 남 댁	처남(妻男) 처남댁(妻男宅)	아내의 남자 형제 처남의 부인
처 조 카 처조카며느리	처질(妻姪) 처조카딸 처질부(妻姪婦)	처남의 아들 딸 처조카의 아내
처 형 처 제 동 서	처형(妻兄) 처제(妻弟) 동서(同婿)	아내의 언니 아내의 동생 아내형제의 남편

이모집 호칭

호 칭	특 별 호 칭	관 계
이 모 이 모 부	이모(姨母) 이모부(姨母夫) 이숙(姨叔)	어머니의 여자형제 이모의 남편
이 종 이 종 수	이종사촌(姨從四寸) 이종수(姨從嫂)	이모의 아들 이종사촌의 부인이종
이 질 이 질 부	이질(姨姪) 이질녀(姨姪女) 이질부(姨姪婦)	이종의 아들 딸 이질의 아내

사돈간의 호칭

호 칭	특별호칭 과 관계
사 돈 사 부 인	바깥사돈(아들과 며느리 양가 아버지의 호칭) 안사돈(아들과 며느리의 양가 어머니의 호칭)
사 장 노 사 장 노사부인	(사돈의 아버지 또는 안사돈이 바깥사돈에 대한 존칭) (사돈의 아버지 또는 할아버지) (안사돈의 어머니 또는 할머니)
사돈도령 사돈댁색시	(안사돈이 사돈의 미혼 아들에 대한 호칭) (사돈의 未婚한 딸, 사돈새아씨의 약칭)

제3장 장례식

제1절 한문부고와 명정 서식

부고서식

訃　　　告

○○大人 ○○○公○○氏以老患○月○日○時於自宅別世 玆以告訃

發靷: ○年○月○日○時
　　　　○市○區○洞○番地
葬地: ○道○郡○面○里○山下
　嗣子: ○○
　　子: ○○
　　孫: ○○
　　婿: ○○○
　護喪: ○○○ 上

○○○ 座前

아버지는 大人, 어머니는 大夫人, 할아버지는 王大人, 할머니는 王大夫人, 남편은 賢夫君, 아내는 閤夫人, 아들딸은 令息, 令愛라고 쓴다. 또한 老患은 宿患, 急患, 事故 등으로 사실대로 쓰고, 別世는 逝去, 死亡 등 격에 따라 쓴다. 봉투에는 머리에 訃告라고 쓰고 ○○○座前이라고 쓴다.

주검깃발(銘旗)서식

學生○○○公○○之柩

孺人○○氏○○之柩

비석(碑石)서식

配孺人○○○○氏祔左

學生○○○公○○之墓

○○(당호)○○○○님은왼쪽

○○(직함)○○○○님의묘

제2절 부의장(賻儀 弔儀 奠儀 楮儀狀) 서식

〈겉 봉〉

賻儀
○○○ 宅 護喪所 入納
○○○ 拜上

〈내 용〉

謹 弔
金 ○○○원整
○年○月○日
○시○구○동○번지
○○○ 排上
○○○ 宅 護喪所 入納

〈겉봉투만 쓸때〉

賻儀
○氏宅 喪家 護喪所 入納
(金 ○○○원整)

〈弔客錄, 賻儀錄 표지〉

弔客錄
○年○月○日 當喪時

賻儀錄
○年○月○日 當喪時

제3절 상복 입는 관계표

고조					高祖母 고조할머니	高祖父 고조할아버지				
증조				曾大姑母 曾祖의姉妹 (從曾祖姑)	曾祖母 증조할머니	曾祖父 증조할아버지	從曾祖 曾祖의兄弟 (從曾祖)			
조			從大姑母 祖父의從姉妹	大姑母 祖父의자매	祖母 할머니	祖父 할아버지	從祖父母	再從祖父母 祖父의四寸 (從祖父母)		
부모		再從姑母 아버지의再從姉妹	從(堂)姑母 아버지의從姉妹	姑母 아버지의자매	母 어머니	父 아버지	伯叔父母 큰아버지 작은아버지 아버지의兄弟(三寸)	從(堂)叔,母 아버지의四寸	再從(堂)叔,母 아버지의六寸	
己(본인)	三從男妹 (八寸누이) 父의再從姉妹	再從男妹 (六寸누이) 堂叔의딸	從男妹 (四寸누이) 伯,叔父의딸	누이와여동생	妻 (아내)	己 (나)	兄弟 형제	從兄弟 (四寸) 伯叔父의아들	再從兄弟 (六寸) 堂叔의 아들	三從兄弟 (八寸) 再堂叔의아들
자녀		再從姪女 (六寸의딸) 堂叔의딸	從姪女 (四寸의딸) 從兄弟의딸	姪女 兄弟의딸 조카딸	子婦 며느리	子女 아들 딸	姪 (조카) 兄弟의아들	從姪 (從) 從兄弟의子(四寸의子)	再堂姪 再從兄弟의子(六寸의子)	
손자			再從孫女 從兄弟의孫女 (四寸의孫女)	從孫女 兄弟의孫女	孫子婦 손자며느리	孫 손자	從孫 兄弟의손자	再從孫 堂姪의子 (四寸의손자)		
증손				從曾孫女 兄弟의曾孫女	曾孫婦 증손며느리	曾孫 증손	從曾孫 兄弟의증손			
고손					高孫婦 고손며느리	高孫 고손				

제4절 상복 입는 기간표

첫째, 참최(斬衰) 三年(대나무 지팡이에 굵은 베옷의 끝단을 꿰매지 않음): 아버지, 남편, 아버지가 맏아들을 잃었을 때, 承重祖父의 상복 입는 기간.

둘째, 자최(齊衰)三年(깎은 나무 지팡이에 굵은 베옷의 끝단을 꿰맴): 어머니, 계모, 어머니가 큰아들을 잃었을 때, 承重祖母의 상복 입는 기간.
자최(齊衰)杖期(깎은 나무 지팡이 집고 1년): 아내, 衆子女, 큰며느리의 상복 입는 기간.
자최(齊衰)不杖期(지팡이 없이 1년): 할아버지, 할머니, 伯叔父母, 姑母, 형제, 자매, 질(姪), 질녀, 장손(長孫)의 상복 입는 기간.
자최(齊衰)五月(지팡이 없이 5月): 曾祖父母의 상복 입는 기간.
자최(齊衰)三月(지팡이 없이 3월): 高祖父母의 상복 입는 기간.

셋째, 대공(大功)九月(보통 베옷): 형수, 弟嫂, 衆婦, 衆孫, 從兄弟, 從姉妹 등의 상복 입는 기간.

넷째, 소공(小功)五月(보통 베옷 5月): 從祖父母, 大姑母, 堂叔母, 再從兄弟, 從姪, 姪孫, 再從姉妹, 長孫婦, 外祖父母, 姨母등의 상복입는 기간.

다섯째, 시마(緦麻)三月(가는 베옷 입고 3월): 從曾祖父母, 再從祖父母, 再堂叔母, 三從兄弟, 再從姪, 從姪孫, 衆孫婦, 玄孫, 外

孫, 外三寸, 庶母, 乳母, 婿, 丈人, 丈母 등의 상복 입는 기간.

※ 남자로 養子간 아들과 女子로 시집간 딸은 그 生父母에 대하여
   한 등급을 낮추어 입는다.
※ 未成年者의 服은 한 등급 낮추고, 어린이는 날(日)을 달(月)로
   계산한다.
※ 시집간 여자는 친정집안의 상에 한 등급 낮춘다.
※ 有服親은 三從까지이고 三從이 넘으면 祖行은 대부라 하고 叔
   行은 族叔이라 하고 兄弟行列은 族兄 또는 族弟라고 하며 항
   렬을 따질 수 없을 때에는 宗氏라고 하나니 無服親이다.
※ 친척이 조문을 함에는 성복전(成服前)이면 상주에게 인사만 하
   고, 다시 살아나기를 바라는 뜻을 표하면서, 혼백을 모시고, 빈
   청을 차리며, 궤연을 설치하는 일을 돕는다. 그리고 영전(靈前)
   앞에 나아가 죽은 사람을 부르면서 울다가 재배한 다음에 상
   주와 마주 보며 서로 부르면서 함께 운다.
   친척간에는 남자와 여자를 구별함이 없이 부르면서 울고 재배
   하며, 아랫사람의 죽음에는 앉아서 곡(哭)하고 절하지 않으나
   나이가 많으면 절해도 된다.
※ 친척이 아닌 사람이 조문을 할 때는 상주의 아버지나, 할아버
   지가 죽었을 때는 영전에 호곡(呼哭)재배하고 상주와 마주 대
   하여 곡하고 인사한다. 만일 상주의 어머니나 할머니가 죽었을
   때에는 죽은 사람과 지면이 있으면 영전에 곡하고 지면이 없
   으면 상주만 대하여 울고 인사한다. 다만 죽은 사람만 알고 상
   주와는 알지 못하는 사이면 영전에 울고 절만 하고 밖으로 나
   오면 상주가 찾아가서 인사한다. 특히 안사돈의 초상에는 밖에
   서 상주와만 울며 인사하고, 친구의 부인상에는 상주와만 울며
   절한다.

永遷之禮, 靈辰不留, 今奉柩車, 式遵祖道

제4장 제　사

제1절 한문식 지방 쓰는 법

고조할아버지 내외분 / 증조할아버지 내외분 / 할아버지 할머니 / 아버지 어머니 / 남편 / 아내

고조할아버지 내외분
顯高祖考學生府君神位　顯高祖妣孺人○○○氏神位

증조할아버지 내외분
顯曾祖考學生府君神位　顯曾祖妣孺人○○○氏神位

할아버지 할머니
顯祖考學生府君神位　顯祖妣孺人○○○氏神位

아버지 어머니
顯考學生府君神位　顯妣孺人○○○氏神位

남편
顯辟學生府君神位

아내
亡室孺人○○○氏神位

제2절 한문 축문 20가지

祖奠告辭

永遷之禮, 靈辰不留, 今奉柩車, 式遵祖道

遣奠告辭

靈輀旣駕, 往則幽宅, 載陳遣禮, 永訣終天

葬地山神祭祝文

維歲次干支　月朔　日辰　○○○敢昭告于　土地之神　今爲○○○公
建玆宅兆　神其保佑　俾無後艱　謹以淸酌脯果　祗薦于神　尙饗

題主祝文

維歲次干支　月朔　日辰　孤子○○敢昭告于　顯考學生府君　形歸窀穸
神返室堂　神主旣成　伏惟尊靈　舍舊從新　是憑是依

初虞, 再虞, 三虞祭祝文

維歲次　干支月朔日辰　孤子○○敢昭告于　顯考學生府君　日月不居
奄及初虞　夙興夜處　哀慕不寧　謹以淸酌庶羞　哀薦　祫事　尙饗

　　※ 再虞에는 初虞를 再虞로 바꾸고 祫事를 虞事로 고치며, 三虞에
　　　는 初虞를 三虞로 바꾸고, 祫事를 成事로 고친다.

小祥 大祥 祝文

維歲次干支　月朔　日辰　孝子○○敢昭告于　顯考學生府君　日月不居
奄及小祥　夙興夜處　小心畏忌　不惰其身　哀慕不寧　謹以淸酌庶羞
齊薦此常事　尙饗

　　※ 大祥에는 小祥을 大祥으로 바꾸고, 常事를 祥事로 고친다.

始祖祭祝文

維歲次干支　月朔　日辰　孝孫〇〇敢昭告于　初祖考　初祖妣　今以中
冬　陽至之始　追惟報本　禮不敢忘　謹以　淸酌庶羞　祗薦歲事　尙饗

先祖祭祝文

維歲次干支　月朔　日辰　孝〇代孫〇〇敢昭告于　顯〇代祖考府君　顯
〇代祖妣孺人　〇〇〇氏　今以中春　生物之始　追惟報本　禮不敢忘
謹以淸酌庶羞　祗薦歲事　尙饗

禰祭祝文

維歲次干支　月朔　日辰　孝子〇〇敢昭告于　顯考學生府君　顯妣　孺
人〇〇〇氏　今以中秋　成物之始　感時追慕　昊天罔極　謹以　淸酌庶
羞　祗薦歲事　尙饗

忌祭祀祝文

維歲次干支　月朔　日辰　孝子〇〇敢昭告于　顯考學生府君　顯妣　孺
人〇〇〇氏　歲序遷易　顯考學生府君　諱日復臨　追遠感時昊天罔極
謹以　淸酌庶羞　奠獻　尙饗

墓祭祝文

維歲次干支　月朔　日辰　孝〇代孫〇〇敢昭告于　顯〇代祖考府君　顯
〇代祖妣　孺人〇〇〇氏　氣序流易　雨露旣濡　瞻掃封塋　不勝感慕
謹以　淸酌庶羞　祗薦　尙饗

墓祭山神祭祝文

維歲次干支　月朔　日辰　○○○敢昭告于　土地之神　○○○　恭修歲
事　于顯○代祖　學生府君之墓　維時保佑　實賴神休　敢以　酒饌敬伸
奠獻　尚饗

移葬(改葬)　祝文

山神祭告祝文

維歲次干支　月朔　日辰　○○○敢昭告于　土地之神　茲有　○○○府
君卜宅茲地　恐有他患　將啓窆遷于他所　謹以　淸酌脯果　祇薦于神
神其佑之　尙饗

啓墓告辭

維歲次干支　月朔　日辰　孝子○○敢昭告于　顯考學生府君之墓　葬于
茲地　歲月滋久　體魄不寧　今將改葬　伏惟尊靈　不震不驚改葬　謹以
酒果用伸　虔告　謹告

移葬山神祭告祝文

維歲次干支　月朔　日辰　○○敢昭告于　土地之神　今爲○○○府君
建茲宅兆　神其保佑　俾無後艱　謹以　淸酌脯果　祇薦于神　尙饗

移葬祝文

維歲次干支　月朔　日辰　孝子○○○敢昭告于　顯考學生府君之墓　新
改幽宅　事畢封塋　伏惟尊靈　永安體魄　謹以　淸酌庶羞　祇薦　尙饗

改莎草土地之神祝文

維歲次干支 月朔 日辰 ○○○敢昭告于 土地之神 今爲○○○府君
塚宅崩頹 將加修治 神其保佑 俾無後艱 謹以酒果 祗薦于神 尙饗

莎草祝文

維歲次干支 月朔 日辰 孝孫○○敢昭告于 顯祖考學生府君之墓 伏
以歲月滋久 莎草枯損 封塋崩頹 今以改莎 伏惟尊靈 不震不驚 謹
以 酒果用伸 虔告謹告

改莎草後 慰安祝文

維歲次干支 月朔 日辰 孝○代孫○○敢昭告于 顯○代祖考學生府
君之墓 旣封旣莎 舊宅維新 伏惟尊靈 永世是寧 謹以酒果用伸 虔
告 謹告

立石告墓祝文

維歲次干支 月朔 日辰 孝子○○○敢昭告于 顯考學生府君 伏以財
力不逮 儀物多闕 今具碑石 用表墓道 伏惟尊靈 是照是安

제5장 벗 사귐

제1절 벗 사귐의 뜻

선비는 뜻을 숭상하는바 뜻을 소중히 간직하기 위하여서는 먼저 자기의 뜻을 밝히고, 동시에 남의 뜻을 물어서 존중하지 아니할 수 없다. 항상 말과 행동으로 자기의 의지를 분명하게 보여주고, 또한 다른 사람의 말과 행동에서 그 사람의 의지를 바르게 헤아려 서로의 뜻을 온전히 하려고 힘쓰는 때에 모름지기 예절이 따르게 된다.

예절이란 공경하고 사양하는 것이니 남의 뜻을 공경하고, 나의 뜻을 사양하는데서 서로가 만나는 길이 있으므로 옛날의 선비는 예법이 아니면 만나볼 수가 없었다.

더욱이 나이가 비슷한 사람의 사귐은 벗으로의 윤리가 맺어진지라, 반드시 나의 인간성을 북돋우고 벗의 착하고 어짊을 일깨워주어야 하는 신의가 있으므로 이에 즐거움과 책무가 있어서 바야흐로 선비의 만남에 지극한 절차가 없을 수 없는 것이다.

오늘날은 선비가 드물어 그 예절조차 찾아볼 수 없는지가 오래 되었으나, 사람의 만남을 아름답게 하기 위해서는 옛날 예법의 정신과 절차를 다시 찾아 그 본의를 알아보아야 할 것이다.

비록 오늘날은 옛날처럼 할 수가 없다 하여도 그 진실성까지 잊어버릴 수는 없는 것이다.

이에 옛사람의 예법절차를 우리말로 옮겨 간결하게 엮었으니 누구나 한번 읽어 마음속에 간직하여 인간의 생활에서 두루 짐작하면 어찌 선비의 행실을 닦는 데와 사회의 풍속을 높히는 데 보탬이 되지 아니하랴!

제2절 벗 사귐의 절차

1. 뵈이기를 청함

▨ 손님이 예물을 갖추어 주인집 문에 이름(옛날에는 예물로 꿩을 씀). 주인은 섬돌아래 동쪽에서 서쪽을 향하여 서고, 뭇 집사들은 그 왼쪽에서 조금 동쪽으로 북쪽을 위로 선다. 그리고 안내인은 문밖에 나아가 서쪽을 향하여 선다.

▨ 손님은 대문 밖에 서서 예물의 머리를 왼쪽으로 안고 동쪽을 향하여 서서 말하기를 「청컨대 나는 뵙기를 바라오나 주인에게 전달할 길이 없으니 안내인은 아무개가 주인을 만나 뵙게 하여 주시오」 안내인이 들어와 계단아래에 이르러서 북쪽을 향하여 주인에게 아뢰기를 「아무개가 저를 시켜서 뵙기를 청합니다」

○ 주인이 대답하기를 「손님께서 나를 뵙겠다고 말씀하시나, 손님이 댁으로 돌아가시면 내가 장차 달려가서 뵙겠다고」 전하오. 안내인이 그대로 손님께 아뢴다.(이후로는 모두 안내인이 그 말을 전달한다)

▨ 손님이 대답함. 나는 주인의 명령을 욕되게 못합니다. 청을 들어 주시어 마침내 뵈이게 하여 주시오.

○ 주인이 대답함. 「나는 감히 의식을 갖출 수가 없으니, 진실

로 청하건대 손님께서 댁으로 돌아가시면 내가 장차 달려가 뵙겠나이다.」

▨ 손님이 대답함. 「나도 감히 의식을 치르려는 것이 아니오니 진실로 청합니다.」

○ 주인이 대답함. 「나는 진실로 사양하였으나 이루지 못하니 장차 달려가 뵈일 것이나 듣건대 손님께서는 예물을 가지셨다고 하니 감히 예물만은 사양합니다.」

▨ 손님이 대답함. 「나는 예물로서가 아니면 감히 뵙지 못하겠습니다.」

○ 주인이 대답함. 「나는 흡족히 예법을 익히지 못하였으니 진실로 사양합니다.」

▨ 손님이 대답함. 「나는 예물에 의탁하지 아니하면 감히 뵐 수가 없사오니 진실로 청합니다.」

○ 주인이 대답함. 「나는 진실로 사양하였으나 이루지 못하니 감히 공경스럽지 못합니다만 따르겠나이다.」 안내인이 드디어 손님에게 아뢰고 집사의 위치로 돌아간다.

2. 예물을 전함

▨ 주인의 집사들이 마당 가운데에 자리를 편다. 주인이 문 왼쪽에 나아가 서쪽을 향하여 재배한다. 손님은 동쪽을 향하여 앉아 예물을 땅위에 놓고 재배하고 예물을 들고 일어난다(손님과 주인 중 나이 적은 이가 먼저 절함).

※ 이제부터는 직접 대화함.

○ 주인이 손님에게 양보하여 말하기를 「청컨대 먼저 들어가십시오..」 손님이 대답함. 「나는 감히 못갑니다.」

○ 주인이 두 번 양보하여 말하기를 「나는 진실로 청합니다.」

손님이 대답함. 「나는 감히 못 갑니다.」

　○ 주인이 세 번 양보하여 말하기를 「원컨대 진실로 사양하지 마십시오.」 손님이 대답함. 「나는 감히 명령을 따를 수 없습니다.」

　▨ 주인이 읍한다. 손님도 답하여 읍한다. 주인이 먼저 문안에 들어가서 서쪽을 향한다. 손님은 예물을 안고 문안에 천천히 들어가 동쪽을 향한다. 서로 향하여 읍하고 서로 등을 돌려 각각 강당으로 향하여 선다. 구부러진 곳에 이르러 또 읍하고 북쪽을 향하여 가서 바로 남쪽에 이르면, 손님이 동쪽으로 돌아가서 마당 가운데로 나가 조금 서쪽에서 남쪽을 향하여 선다. 주인은 손님 왼쪽에 나가 남쪽을 향하여 재배하고 예물을 받는다. 손님은 예물을 보내고 재배한다. 손님은 문밖으로 물러나와 제자리로 돌아간다. 주인은 예물을 섬돌 아래로 가지고 가서 집사에게 주어 동쪽 벽에 저장하게 하고 다시 제자리로 돌아온다.

3. 도리어 뵘

　△ 안내인은 주인의 왼쪽에서 북쪽을 향하여 명령을 받음. 주인이 손님에게 뵈이기를 청하여 말하기를 「손님에게 뵙기를 청합니다.」 안내인이 손님께 전함.

　▨ 손님이 말하길 「감히 공경스럽지 못하나 따르겠습니다.」 안내인이 주인께 전하고 제자리로 돌아옴.

　▨ 집사들이 손님 자리를 대청 창문 앞에 남쪽을 향하여 서쪽이 위로 설치하고 주인자리를 대청 섬돌위에 남쪽이 위로 설치하며 음식을 동쪽 벽에 갖춘다. 씻을 물을 섬돌아래 동남쪽에 설치.

　○ 주인이 문 왼쪽에 나와서 손님에게 양보하여 말하길 「청컨대 먼저 들어가십시오.」 손님, 「감히 못합니다.」

○ 주인이 두 번 양보해 말하길 「나는 진실로 청합니다.」 손님이 「감히 못합니다.」

○ 주인이 세 번 양보해 말함 「진실로 사양하지 마십시오.」 손님이 「나는 감히 명령을 따를 수가 없습니다.」

▨ 주인이 읍한다. 손님도 답하여 읍한다. 주인이 먼저 문안에 들어가 서쪽을 향해 선다. 손님은 따라 들어와 동쪽을 향해 선다.

○ 주인이 자리를 갖추기를 청하여 「청컨대 강당에 오르시어 자리를 갖추신 연후 아래로 맞이하여 주십시오..」

▨ 손님이 사양하며 「주인은 스스로 욕됨이 없게 하시오..」

○ 주인이 「나는 자리를 갖추지 아니하면 감히 맞이할 수 없습니다.」

▨ 주인이 드디어 손님과 더불어 읍하고 등을 돌려 각각 강당을 향하여 간다. 구부러진 곳에 이르러 읍한다. 비석이 있는 곳에 가서 또 읍한다.

○ 계단에 이르면 주인이 올라가길 사양하며 「청컨대 먼저 오르시오.」 손님이 「나는 감히 못하겠습니다.」

○ 주인이 두 번 양보하여 말하길 「나는 진실로 청합니다.」 손님이 「나는 감히 못합니다.」

○ 주인이 세 번 양보하여 「원컨대 진실로 사양하지 마십시오.」 손님이 「나는 감히 명령을 듣지 못하겠습니다.」

▨ 주인은 오른발을 먼저 손님은 왼발을 먼저 하여 계단에 오른다. 이미 올라가 인중방에 이르면 북쪽을 향하여 선다. 주인이 재배하면 손님도 답하여 재배, 주인이 손님자리 앞에 나아가 꿇어 앉아 자리를 바로 한다.

▨ 손님이 주인의 왼쪽에 나아가 꿇어 앉아 자리를 만지면서 「주인은 스스로 욕됨이 없게 하시오..」

○ 주인이 「나는 자리를 갖춤에 감히 공경치 아니할 수 없나이다.」

☒ 모두 일어난다. 주인은 읍하고 손님을 자리에 나가게 한다. 손님이 이미 자리에 이르면 주인이 이에 앉는다. 손님도 앉는다.

4. 말을 일러줌

☒ 앉아서 이미 편안하면 말을 일러준다(모름지기 생각대로 할 것이나 예를 들면 아래와 같다.).

○ 주인이 「지난날에 그윽이 손님의 이름을 듣고 뵙기를 바랐으나 이룰 길이 없더니 이제 손님께서 외람되이 스스로 굽혀 나로 하여금 친히 덕성과 범절을 보게 하시니 나의 어리석음으로도 영광스러움을 이기지 못하겠나이다.」

☒ 손님이 「나는 그윽이 주인의 덕성과 범절이 성대함을 듣고 원컨대 문하에서 배우고 싶은지가 오래 되었습니다. 이제 다행히 뵈시게 되니 기쁨을 이기지 못하겠나이다. 원컨대 주인은 찾아온 뜻을 돌리지 마시고 가르쳐 주십시오.」

○ 주인이 「나는 지극히 어리석어 손님의 말씀과는 틀립니다. 손님은 소문을 잘못 들으셨습니다. 부지런히 가르쳐 달라고까지 하시니 마음이 황송하여 몸 둘 곳이 없나이다.」

☒ 손님이 진실로 청하여 「원컨대 주인은 비루하다 마시고 다행히 한 말씀 가르쳐 주십시오.」

○ 주인이 「나는 학문의 방법을 몰라 진실로 명령을 감당할 수 없습니다만, 그러나 어진 이가 아래로 묻는 성의도 헛되이 욕되게 할 수 없음이 있으니 말씀드립니다. 옛날에 가만히 들으니 ○○는 ○○라고 말하였습니다. 나의 어리석음으로도 일찍이 여기에 뜻을 두었으나 힘이 모자랍니다. 감히 이 말로서 드리오

니 원컨대 손님께서는 생각해 보시오.」

　▨ 손님이 일어나 절하고 사양하여 말하길 「나는 비록 영민하지 못하오나 청컨대 이 말에 힘쓰겠나이다.」 주인이 「욕됩니다.」고 말한다.

　○ 모두 다시 앉는다.

5. 음식 대접

　▨ 집사들이 음식을 기둥 밖에 차려놓고 동쪽 방을 지고 남쪽을 향하여 말하길 「음식이 준비됐음을 감히 알립니다.」

　○ 주인이 섬돌을 따라 내려오면 손님도 서쪽 계단을 따라 내려와 서쪽에서 동쪽을 향하여 선다. 주인이 서쪽을 향하여 내려옴을 사양하며 「나는 일이 있사오나 감히 손님을 번거롭게 못합니다.」

　▨ 손님이 「주인께서 욕되게도 일을 하시니 나는 감히 방에 있지 못하겠나이다.」

　▨ 주인은 세수대 북쪽으로 가서 남쪽을 향하여 선다. 집사 두 사람이 세수대 동남쪽에 나아가서 한사람은 수건 한사람은 물을 세수대에 부으면 세수한다.

　▨ 손님이 세수대 남쪽으로 가서 북쪽을 향하여 세수함을 사양하며 「주인은 스스로를 욕되게 하지 마시오.」

　○ 주인이 「나는 많지 않은 음식이나마 장차 예절을 행함에 있어 감히 깨끗하게 하지 않을 수가 없습니다.」

　▨ 손님이 서쪽 계단 아래 자리로 돌아간다. 주인이 세수를 마치고 섬돌에 이르러 손님과 더불어 한번 읍한다.

　○ 주인이 올라가기를 사양하며 「청컨대 먼저 올라가십시오.」 손님이 「감히 못하겠습니다.」

▨ 함께 올라간다.

▨ 주인이 읍하고 손님을 안내하여 자리에 앉게 한다. 집사 중에 음식을 대접하는 사람이 세숫물을 올리면 손님이 씻는다. 주인이 손님자리 앞에 나아가 꿇어 앉아 음식을 차린다. 차림이 끝나면 손님이 음식을 받들고 일어난다.

○ 주인이 일어나 사양하며 「청컨대 앉아서 받으시오.」

▨ 손님이 다시 앉아 음식을 그 자리에 둔다. 주인이 자리에 돌아와 앉는다. 집사가 주인 자리 앞에 나아가 음식을 차린다. 손님이 음식을 들어 빈 그릇에 제사드린다.

○ 주인이 사양하며 「음식이 거칠어 제사드리기는 넉넉지 못합니다.」

▨ 손님이 드디어 두루 여러 음식을 그릇사이에 제사지낸다 (국물은 제사하지 않음). 주인도 음식을 제사드린다. 주인이 먼저 먹기 시작한다. 손님도 따라 먹는다.

○ 주인이 「음식이 거칠어 잡수실 게 없나이다.」

▨ 한 그릇을 다 먹으면 집사가 또 한 그릇을 올린다. 두 번째 밥그릇을 다 비우면 세 번째 밥그릇을 올린다. 손님도 따라서 큰 고기를 먹는다. 여러 음식을 다 갖추어 먹으면 손님이 물을 마신다. 주인도 물을 마신다. 식사를 마친다. 손님이 일어나 식탁 남쪽으로 가서 북쪽을 향하여 꿇어 앉아 음식을 거두어 도운 사람에게 준다.

○ 주인이 일어나 사양하며 말하길 「손님은 스스로 욕되게 마시오.」

▨ 손님이 자리에 돌아와 앉는다. 집사가 음식을 치우고 내려와 제자리로 돌아간다.

6. 손님이 돌아감

☑ 손님이 일어서면 주인도 일어선다.

○ 손님이 읍하며 「청컨대 물러가렵니다.」 이어서 내려간다. 주인도 또한 내려간다.

☑ 손님이 문을 나간다. 주인이 문 왼쪽에 나아가 재배하고 보낸다. 손님은 답배를 아니 하고 떠난다.

7. 예물을 되물려 줌

○ 주인이 받은 예물을 가지고 보낸 사람의 문에 이른다. 안내인이 문 왼쪽에 나와 서쪽을 향하여 선다.

☑ 손님이 예물의 머리를 좌측으로 안고 예물을 되돌려 받기를 청하여 말함. 「지난번에 주인께서 욕되게도 나로 하여금 뵙게 하였는데 청컨대 안내인에게 예물을 돌려주고자 합니다.」 안내인이 주인에게 아뢴다.

○ 주인이 「나는 이미 뵈었으니 감히 사양합니다.」 안내인이 손님에게 아뢴다.

☑ 손님이 「나는 뵈이기를 청한 것은 아닙니다. 청컨대 안내인은 예물만 되돌려 받으시오..」 안내인이 주인에게 전함.

○ 주인이 「나는 이미 뵈었으니 감히 진실로 사양합니다.」 안내인이 손님에게 전함.

☑ 손님이 「나는 감히 들어줄 수 없습니다. 진실로 안내인에게 청합니다.」 안내인이 주인에게 전함.

○ 주인이 「나는 진실로 사양하였으나 승낙을 얻지 못하니 감히 공경스럽지 못합니다만 따르겠습니다.」 안내인이 손님에게 아뢰고 제자리로 돌아온다.

☑ 집사가 마당에 자리를 마련한다. 손님이 예물을 안고 문에

들어와 왼쪽으로 자리에 나아가 남쪽을 향하여 선다. 주인이 손님으로 나가 남쪽으로 재배하고 나가서 예물을 받는다. 손님이 예물을 주고 재배한다. 주인이 예물을 받고 집사는 문 왼쪽에 나아가 재배하고 보낸다. 손님이 답배를 아니 하고 떠난다.

제6장 술잔치

제1절 우리나라의 술 예절

우리나라는 전통적으로 술의 문화가 대단히 고상하여 근대에 이르기까지 세계에서 가장 아름다운 풍속을 이루어 왔다.

술을 음식 가운데 가장 고귀한 음식물로 인정한 우리 민족은 술 자체를 숭상할 뿐만 아니라 술에 따른 그릇까지도 중시하여 특별하게 제작하였다. 또한 술을 마시는 예절을 소학(小學)에서 가르침으로써 누구나 술을 마시는 범절이 깍듯하였으며, 술을 먹는 모임에는 모름지기 노래와 춤 및 시조를 곁들임으로써 운치를 돋워 우아하고 고결한 풍류로 승화시켰던 것이다.

우리 술의 유래는 언제부터인지 정확히 고증할 수는 없으나 고대제천의식에 군무(群舞) 놀이가 있었다는 것을 보면 옛날로부터 술을 하늘에 바치고 기분을 돋우는 음식으로 활용하여 왔음을 짐작할 수 있는데, 삼국시대에는 이미 술에 대한 금법(禁法)이 발표되는 것을 볼 수 있다.

신라 벌휴왕 3년에는 시장거리에서 술주정하는 것을 금지하였고, 고구려 안원왕 2년에는 흉년이면 사원에서 양조하는 것까지도 금지하였으며, 고려에서는 지방고을에 명령하여 배불리 먹고 마시며 즐기는 것을 금지시키도록 하였으며, 조선 태종 원년에는 왕 스스로 금주하여 백성들의 비밀 음주를 금지시켰다.

우리나라는 술의 역사가 이와 같이 장구한 까닭에 술에 대한 인식이나 술을 먹는 자세가 잘 가다듬어졌던 것이다.

술은 마시는 사람에게 두 가지 작용을 하게 된다. 적당히 먹으면 기분을 돋워 힘을 내게 하지만 지나치게 먹으면 이성을 마비시켜 자제력을 잃게 한다.

따라서 술을 마실 때는 반드시 상대의 주량에 한계가 있음을 먼저 명심하여야 한다. 옛사람은 일찍이 하늘·땅·조상의 신령에게 제사할 때에는 술을 바쳤지만 도깨비나 마귀에게는 술을 준 일이 없으며, 20세가 되어 관례(冠禮)를 한 성인에게는 술을 권하였지만 미성년자에게는 절대로 술을 먹지 못하게 하였던 것이다.

이것은 자제력이 있는 사람이나 체력이 강건한 사람만이 술을 먹을 자격이 있는 것임을 뜻한다. 따라서 체력이 나약한 미성년과 지각이 흐린 정신박약자에게 술을 주는 것은 아주 부도덕한 행위로 규정하여 사회적 규탄을 받아야 했다. 이러한 음주 전통이 곧 술을 대단히 고귀한 음식으로 승격시킨 것이다.

남으로부터 술을 대접받음은 정신적으로나 육체적으로 성숙한 인격자임을 뜻하게 되어 마침내 한 몸의 영광이 되었던 것이다.

우리 조상들의 음주 예절은 두 가지가 있다. 첫째가 향음주례(鄕飮酒禮)요, 다음이 군음(群飮)이다. 향음주례는 세종대왕이 주(周)나라 예법을 바탕으로 그 절도를 가다듬어 각 향교나 서원에서 학생들에게 교과 과목으로 가르치게 했던 6禮(冠·婚·喪·祭·相見·鄕飮酒) 가운데 하나로, 어른에게 음식을 공양하는 예의절차를 밝히면서 술을 마시는 것이다.

이에 반해 군음은 오직 떼지어 모여서 부지런히 마시고 노래하고 즐기기 위한 술 마심이다. 따라서 군음에는 일정한 형식도

절차도 없이 자유롭게 거리낌 없이 즐기는 것이니 애당초 그 예
절을 논할 것이 없는 것이다. 경주의 포석정이나 부여의 낙화암
같은 곳이 군음의 유적지라고 할 것이다.

예절이란 본래 숭고한 정신과 깨끗한 물질이 한데 어우러진
것이다. 옛사람이 향음주례를 거행함에 매우 경건하고도 신중하
였던 까닭이 바로 이와 같은 예절의 엄숙성으로 인하여 자기의
모든 인격이 술자리에서 드러나기 때문이다.

향음주례의 일관된 정신은 첫째, 의복을 단정하게 입고 끝까
지 자세를 흐트러뜨리지 말 것. 둘째, 음식을 정결하게 요리하고
그릇을 깨끗이 할 것. 셋째, 행동이 분명하여 활발하게 걷고 의
젓하게 서고 분명하게 말하고 조용히 침묵하는 절도가 있을 것.
넷째, 존경하거나 사양하거나 감사할 때마다 즉시 행동으로 표현
하여 절을 하거나 말을 할 것 등이다.

술을 마심은 벌써 사교의 자리다. 의사를 표시함이 없이 술만
마시는 것은 상대를 불안하고 답답하게 하여 술맛을 떨어지게
하는 비사교적인 행동이다.

말로 의사를 표현할 때에는 예로부터 세 번을 권하여 요청하
고, 세 번을 사양하여 피하는 법이 있는 바, 처음 요청하는 것을
예청(禮請)이라고 하고 이에 대하여 처음 사양하는 것을 예사(禮
辭)라고 하며, 거듭 다시 청하는 것을 고청(固請)이라고 하는 바
이에 대하여 거듭 사양하는 것을 고사(固辭)라고 하며, 마지막으
로 세 번째 청하는 것을 강청(强請)이라고 하는 바 이에 대하여
끝까지 사양하는 것을 종사(終辭)라고 하여, 여기에 이르면 더
이상 권하거나 요청하지 않는 것이 예법이다.

우리나라는 전통적으로 소학에서 술에 임하는 예법을 익힘으
로써 술로 인한 추태나 분쟁이 거의 없는 풍속의 고장, 예의의

나라가 되었던 것이다.

가는 곳마다 요기(療飢)를 위하여 술집은 있으나 몰려다니며 먹는 습속이 없었고, 술집에 노래와 춤을 추는 기생은 있었지만 옆에 나란히 앉아 같이 마시는 작부는 없었던 것이다.

오늘날 우리들은 술 먹는 자세를 크게 반성하여 우리 조상의 음주풍속을 되살려야 할 것이다. 자기 자신을 위해서나 사회의 풍속을 위하여 적어도 술이 어떤 음식인 줄을 알아야 되고, 술 앞에 최소한의 예절이 무엇인 줄을 깨달아 보람 있는 자리를 만들 지혜를 갖추어야 될 것이다.

술 앞에 체신을 지킬 능력도 없고, 술을 이겨낼 체력도 없으며, 또한 술자리에서 정분을 나눌 줄도 모르면서 오로지 술로 자기의 근심이나 잊으려 하거나 술기운으로 문제를 결단해야 하는 사람은 참으로 술을 먹을 자격이 없다고 할 것이다.

향음주례의 전통으로 오늘날까지도 남아있는 우리의 음주예절을 정리하면 대개 다음과 같이 말할 수 있다. 술과 음식을 너무 질펀하게 하지 아니하며, 안주는 자기의 접시에다 덜어다가 먹었던 것이며, 술잔은 돌리되 반드시 깨끗한 물에 잔을 씻어서 술을 채워다가 권하여 존경심과 친밀감이 전달되도록 한다.

술좌석에서 잔이 한 바퀴 도는 것을 한 순배라고 하는데 술이란 대개 석 잔은 훈훈하고, 다섯 잔은 기분 좋고, 일곱 잔은 흡족하고, 9잔은 지나치므로 7잔 이상은 절대로 권하여 돌리지 아니하였다.

예절이란 가면 오고 또한 주면 받는 것이므로 술을 대접받았을 때 뒤에 다시 갚아야 하지만 적당한 시간적 여유를 두어 그 두터운 뜻을 길이 간직하고자 하였다. 오늘날 사람은 가끔 즉시에 즉흥적으로 갚아버리기 위하여 2차니, 3차니 하면서 몰려다

니지만 오히려 경박한 세태의 풍조라고 하겠다.

우리 조상들은 술좌석을 반드시 공개하였을 뿐만 아니라 그 아들이나 제자들을 동행하여 술심부름을 들게 함과 동시에 술 먹는 법도를 익히게 하였으니 술자리를 고상하게 승화시켜 일컬은 바 풍류(風流)라고 하였다. 풍류란 덕풍의 유행이니 모든 사람이 그 덕성스러운 행실에 감동하여 본받는다는 이야기이다.

음식 앞에 귀하고 천함이나 늙고 젊음을 가리지 않고 골고루 나누어 먹는 자세와 존경하고, 사양하고 감사하는 태도를 갖추었고 가끔 기생을 불러서 음악과 춤과 시조로 흥취를 돋우되 반드시 그 자리를 따로 하여 난잡함이 없게 하였다. 더욱이 술자리의 뒤끝이 아주 깨끗하여 좌중의 가장 나이 많은 이가 일어나면 모두 다 같이 술자리를 파하고 집으로 돌아갔다.

주인에게 감사한 뜻을 표하는 것은 그 다음날 하는 것이요, 술자리를 파하는 순간에 답례 인사를 하는 것이 아니었다.

술자리에서 대접을 받는 손님은 즐겁고 흡족하게 마시어 주인의 자리를 빛내주는 것이 도리였고, 주인은 손님이 흥겹게 취하여 약간의 실언이나 실수를 하여도 어여쁘게 보아 거두어 주는 것이 도량이었다.

집현전 학사들에게 밤늦도록 술을 권하던 세종대왕은 학사들이 그 자리에 쓰러져 잠이 들자 오히려 자기의 옷을 벗어서 덮어 주었다고 한다. 그만큼 우리나라의 술인심은 좋았다.

또한 술자리에 아는 사람이 오면 반드시 한잔 술을 권하였고 술을 혼자 마시는 것을 수치로 알았다. 이웃사람이라도 불러서 함께 마시었는데 심지어 계원끼리 먹는 술이라도 아는 사람이 지나가면 불러서 술을 주는 경우까지도 있었다.

끝으로 술에 임하는 가장 높은 경지는 술자리에서의 즐거움도

섭섭함도 영예도 실수도 모두 한번의 웃음 속으로 흘려 보내버리는 것이다. 이렇듯 가슴속에 미련을 남겨두지 아니할 줄 알았던 한겨레의 독특한 음주문화는 지극히 합리적이라고 할 것이다.

사람에게 귀중한 것은 오직 예법을 항상 지키는 것이니, 예법은 절을 함으로부터 시작하여 절을 함으로서 끝난다. 가는 데마다 절하고 일할 때마다 절하고 줄 때마다 절하고 받을 때마다 절하며, 끝날 때마다 절하는 것이니 이것은 지극한 존경과 감사함을 나타내려는 것이다. 옛사람이 말하기를 예법이 무너지는 것은 절하지 않음으로부터 비롯된다고 하였다.

이제 우리는 동방예의의 고장을 다시 이룩함에 있어서 가정에서부터 음주의 예법전통을 되찾아야 할 것이다.

제2절 옛 술잔치의 참뜻

술한잔 마시고 밥 한 그릇 먹는 데도 차례가 있고 남자와 여자가 만나는 데도 분별이 있는바 만사에 질서를 지킴이 예(禮)요, 만물에 조화를 이룸이 악(樂)이다. 그러므로 선비는 공경하지 않은 일이 없고 생각에 사악함이 없게 하는 바 유도(儒道)는 치국평천하(治國平天下)의 큰일로부터 음식남녀(飮食男女)의 적은 일에 이르기 까지 한결같이 예악(禮樂)을 갖추어서 의리(義理)를 세우는 것이다.

향음주례(鄕飮酒禮)는 육례(六禮) 즉 관례, 혼례, 상례, 제례, 향음주례, 상견례 가운데 하나로 선비에게는 어른을 공경하고 노인을 공양하는 의리가 있음을 밝히고, 음식은 정결하게 갖추고 감사하게 먹어야 하는 본의를 깨우치는 예절이다.

더욱이 '술'이란 천지귀신(天地鬼神)께 제례지낼 때 반드시 갖추어야 하는 숭고한 음식이요, 노약한 이의 혈기를 돋우는 데에 없을 수 없는 귀중한 약물로서 사람이 함부로 해서는 안 되는 것이다.

그럼에도 불구하고 사람들이 한갓 환락의 도구나 객기의 원료로서 오용하여 질펀히 마시고 광태를 자행하니 마침내 가산을 탕진함으로써 부모를 섬길 수 없게 되고 사회에 송사(訟事)를 일으켜 국가를 다스릴 수 없게 하니 성인이 이를 미연에 막기 위해 주례를 엄숙하면서도 조화 있게 제정하였던 것이다.

그러므로 이 예절이 성행하였던 조선조에서는 경향의 풍속이 매우 아름다워 동방예의의 나라로 일컫게 되었던바 경술국치(庚戌國恥)이후로 왜제(倭帝)가 식민통치를 위하여 유림말살과 예법파괴 정책을 도모하니, 이로부터 난신적자(亂臣賊子)가 대로를 횡행하게 되었는데 을유광복 이후 30여 년이 지나도록 이를 돌아보는 이 없으니 이를 깊이 개탄하고 성현의 대도(大道)를 받들어 이 땅에 다시 음주법을 세우기 위하여 이 예를 엄숙히 연구하여 정리하는 바이다.

※ 이르는 데마다 절하고, 씻을 때마다 절하고, 받을 때마다 절하고, 줄 때마다 절하고, 끝날 때마다 절하는 것은 지극한 존경과 감사함을 나타내는 것이다.

※ 선비에게 귀중한 것은 오직 예이니 공자는 예가 아니면 보지도 말고, 듣지도 말며, 말하지도 말고, 움직이지도 말라고 하였는바, 예란 절하는 것으로 시작해서 절하는 것으로 끝난다. 사람이 부모에게 뵈일 때나 귀신(鬼神)께 제례(祭禮)지낼 때나 빈객(賓客)을 접대할 때나 반듯이 절하는 것이니 무단히 왔다 갔다 한다면 예

가 어디에 있을 것인가. 그러므로 사람이 절할 줄을 모르면 나머지는 보지 않아도 알 수 있는 것이다. 그러므로 옛사람이 말하기를 예가 무너지는 것은 절하지 않음으로부터 시작한다고 하였다.

사람이 모여 앉은 데는 위아래가 있는바 남향이나 북향일 때는 서쪽으로 위를 삼고, 동향이나 서향일 때는 남쪽으로 위를 삼나니 남향과 동향은 모두 오른쪽이 위요, 북향 서향은 모두 왼쪽이 위이다.

※ 주인과 손님이 절을 함에는 벼슬이나 학식에 관계없이 공경하는 사람이 먼저 절하고 서로 존경할 때에는 같이 절한다.

※ 서로 존경하고 사양케 하는 것은 경쟁심을 막는 까닭이요, 음식그릇과 손을 자주 씻게 하는 것은 태만을 멀리하는 까닭이니 음식 앞에 추태와 난폭이 없게 함이다.

※ 술과 음식을 반제(飯祭)하는 것은 천지신명(天地神明)께 감사하는 뜻과 사람들에게 천지신명(天地神明)도 흠향하는 정결한 음식임을 보여준 것이다.

※ 물(玄酒)을 청주와 같이 비치하는 것은 원질을 귀중히 여김이다(飮水思源).

※ 술잔 하나로 모든 사람이 차례로 술을 먹게 하는 것은 총화를 이루기 위함이다.

※ 연회에서 술을 자기가 먼저 먹고 남에게 권하는 것은 술은 취하는 것이기 때문이요, 자기는 먹지 않고 남에게만 권하는 것은 벌주(罰酒)에 지나지 않는다.

※ 술자리에 어른이 일어나 나가면 모두 따라서 돌아가는 것이 예법인바 지루하고 난잡함을 방지하렴이다.

※ 말할 때 가진 물건을 내려놓고, 일어서서 말하는 것은 공경함이다.

제3절 옛 술잔치 절차

1. 손님을 청함

▨ 주인이 손님 집 대문 앞으로 찾아간다. 손님이 대문을 나와 왼쪽에서 서쪽을 향하여 맞이하면서 재배(再拜)하고, 주인은 동쪽을 향하여 재배하여 답한다.

○ 주인이 손님에게 청하기를 「아무개는 장차 술잔치의 예절을 거행하고자 하오니 감히 청하건대 선생께서 손님이 되어 주십시오.」 손님이 대답하기를 「나는 덕이 없고 학식이 얕으니 명령을 감당할 수 없나이다.」

○ 주인이 다시 「저는 진실로 청하나이다.」 손님이 허락하면서 「귀하가 거듭 명령을 하니 감히 경건히 따르지 아니 하리까?」

▨ 주인이 재배하고 손님도 답하여 재배한다. 주인이 물러나오고 손님은 재배하여 보낸다.

2. 손님을 모셔옴

▨ 술 먹는 예절을 거행할 준비위원과 복장과 음식과 자리가 갖추어지면 주인이 손님의 대문 앞에 찾아간다(술은 청주, 안주는 개를 잡아 썼다). 손님이 문 왼쪽에 나와 서쪽을 향해 맞이하고 재배, 주인이 동쪽을 향하며 답하여 재배하고 물러온다. 손님이 보내면서 재배한다. 주인이 먼저 돌아온다. 손님 및 여러 초청된 손님들이 따라온다.

3. 손님을 맞이함

○ 주인이 섬돌아래 조금 동쪽에 서쪽을 향하여 차례로 선다.

집사들은 세면기 동쪽에 서쪽을 향하여 북쪽을 위로 하여 차례로 선다. 악사는 서쪽 계단아래 동쪽으로 북쪽을 향하여 선다. 집례와 사회 및 준비위원은 뜰 중앙에 북쪽을 향하여 선다. 안내인은 문밖에 나가 동쪽 방을 등지고 선다. 주빈을 비롯하여 여러 손님이 문밖에 이르러 문 서쪽에 차례로 동쪽을 향하여 선다.

　☒ 안내인이 주인에게 와서 아뢰기를 「손님이 이르렀으니 청컨대 나아가서 맞으십시오.」

　○ 주인은 문 동쪽에 나가 서쪽을 향하여 선다. 주인이 손님에게 재배하고, 손님도 주인에게 재배하여 답한다. 주인이 여러 손님에게 읍한다. 여러 손님도 답하여 읍한다. 주인이 먼저 들어가 대문 안 낙숫물 떨어지는 곳에 이르면 서쪽을 향하여 손님을 기다린다. 손님은 여러 손님을 이끌고 대문 안에 들어와 주인을 향하여 선다. 주인과 손님이 서로 읍한다. 이에 서로 등을 돌려 길을 따라 강당으로 향한다. 북쪽으로 구부러진 곳에서 서로 읍한다. 비석 앞에서 서로 읍한다.

　☒ 계단에 이르러 주인이 올라가기를 사양하며 「청컨대 먼저 오르십시오..」(여러 손님들은 서쪽 계단 아래 조금 서쪽에 동쪽을 향하여 서 있는다.) 손님이 「나는 감히 못합니다.」

　○ 주인이 두 번 양보하여 말하길 「저는 진실로 청하는 바입니다.」 손님이 답하길 「저는 감히 못합니다.」

　☒ 주인이 세 번 양보하여 「원컨대 진실로 사양하지 마십시오.」 손님이 「저는 명령을 감히 듣지 못하겠습니다.」

　○ 주인이 먼저 올라감, 손님도 따라서 올라감(주인은 오른발이 먼저, 손님은 왼발을 먼저 하여 오른다). 함께 인중방에 이르면 북쪽을 향하여 선다. 주인이 재배하면 손님도 답하여 재배한다.

4. 주인이 손님에게 술을 대접함

⊠ 집사 한사람이 서쪽 계단으로 올라옴(무릇 주인 외에 오르고 내리는 사람은 서쪽계단을 사용함). 술병 있는 곳에 가서 보자기를 치우고 국자 두 개를 술병 옆에 놓고 내려온다. 주인이 나가 술병 남쪽에 이르러 앉아서 광주리에서 제사술잔을 꺼내가지고 섬돌로 내려오면 손님도 서쪽 계단으로 내려와 조금 서쪽에서 동쪽을 향하여 선다.

○ 주인이 섬돌 앞에서 서쪽을 향하여 앉아서 제사술잔을 놓고 일어나 손님이 내려오는 것을 사양하며 「저는 일을 진행함에 감히 손님을 번거롭게 할 수는 없나이다.」 손님이 대답하기를 「주인께서 욕되게도 일을 하시니 나는 감히 강당에 있지 못하겠나이다.」

○ 주인이 앉아서 잔을 들고 일어나 세면기 북쪽에 가서 남쪽을 향하여 앉아서 제기 술잔을 광주리 아래에 놓고 일어난다. 집사 한사람은 세숫대야를 들고 한사람은 물을 들어 세면소 동남으로 가서 서북을 향하여 선다. 주인이 세수를 하고 앉아서 술잔을 들고 일어나 술잔을 씻는다.

○ 손님이 세면소 서남쪽에 나아가 동북을 향하여 씻는 것을 사양하며 말하길 「주인은 스스로를 욕되게 하지 마시오.」 주인이 앉아서 술잔을 광주리에 놓고 일어나 대답하길 「저는 안주 없는 술이나마 예식을 거행함에 깨끗이 아니할 수 없나이다.」

⊠ 손님이 서쪽 계단아래 서쪽자리로 돌아간다. 주인이 앉아서 제사술잔을 들고 일어나 씻기를 마칠 때 집사가 행주를 주면 잔을 닦고 손도 닦는다. 섬돌로 돌아와 손님과 더불어 읍한다.

○ 주인이 올라가길 사양하며 「청컨대 먼저 오르십시오.」 손님이 대답함. 「저는 감히 못합니다.」

⊠ 함께 오른다(이 뒤로 주인과 손님이 계단을 오를 때는 이

의식을 따른다). 손님은 서쪽 계단위에서 북쪽을 향하여 절을 한 자리 한다(술잔 씻은 것에 대하여 감사한 것임). 주인은 섬돌위에서 북쪽을 향하여 앉아서 제사술잔을 놓고 답하여 절을 한자리 한다. 주인이 일어나서 섬돌 아래로 내려오면 손님도 계단 아래로 내려온다.

○ 주인이 내려오길 사양하며 「저는 일이 있사오나 감히 손님을 번거롭게는 못합니다.」 손님이 「주이니 욕되게 일을 하시니 감히 강당에 있지 못하겠습니다.」

☑ 주인이 세면소로 가서 세수를 한다. 계단에 돌아오면 서로 읍하고 올라가기를 사양하다가 함께 오른다. 손님은 서쪽계단위에 바르게 선다. 주인은 앉아서 제사 술잔을 들고 일어난다. 술병 남쪽에 가서 북을 향하여 술을 국자로 떠서 잔을 채운다. 제사술잔을 받들고 손님자리 앞으로 가서 북을 향하여 선다. 손님이 서쪽계단 위에서 절 한자리한다(절하고 받음을 뜻함). 주인은 조금 물러선다(절을 받을 수 없다는 뜻) 손님은 북쪽을 향하여 나가 자리 앞에서 잔을 받는다. 서쪽계단 위치로 돌아간다. 주인은 다시 섬돌 위에서 절 한자리를 한다(받은 것을 감사함). 손님은 조금 물러선다(절을 사양하는 뜻임).

☑ 집사가 동쪽 방에 들어가 포와 삶은 고기를 받들고 나온다. 손님자리 앞 축제 상에 놓는다(포는 오른쪽, 삶은 고기는 왼쪽에 서서 놓는다). 손님이 잔을 들고 나가 자리에 올라 서쪽으로부터 가운데자리에 나아가 남쪽을 향한다(좋은 음식이 있으니 천지신명께 제사 지내려는 것임).

☑ 집사는 동쪽 벽에서 토막고기를 가지고 올라가 축제상 남쪽에 놓는다. 주인은 섬돌 위에 바르게 서있다. 손님은 앉아서 왼손으로는 제사 술잔을 잡고 오른손으로는 포와 삶은 고기를

반제(飯祭) 지낸다. 일어나서 받은 고기를 오른손으로는 몸통을, 왼손으로는 머리를 잡아 축제상위에 놓는다. 앉아서 몸통을 잡고 오른손으로는 바깥쪽을 잘라서 제사지낼 고기를 떼어낸다. 왼손을 주관하여 그것을 조금 맛본다. 일어나서 제기에 놓는다. 앉아서 손을 닦는다. 드디어 잔을 가져다가 술을 제사 지낸다. 일어나서 자리 끝에 앉아 술을 맛본다.

▨ 일어나서 서쪽자리로 내려선다. 앉아서 제사 술잔을 놓고 절한다(맛있음을 감사함). 잔을 들고 일어선다. 주인은 섬돌 위에서 답하여 절한다. 손님은 서쪽계단 위로 가 앉아서 술을 다 마시고 일어난다. 앉아서 제사 술잔을 놓고 절한다(이미 다 마셨음을 감사함). 제사 술잔을 들고 일어난다. 주인은 섬돌 위에서 답하여 절한다.

5. 손님이 주인에게 술을 권함

▨ 손님이 빈 잔을 들고 내려오면 주인은 내려와서 섬돌 아래 조금 동쪽에서 서쪽을 향하여 선다.

○ 손님이 서쪽계단 앞에 앉아서 제사술잔을 놓고 일어나서 내려옴을 사양하며 「나는 일을 거행하려니와 감히 주인을 번거롭게는 못하나이다.」 주인이 대답함 「저는 손님께서 욕되게도 일을 하시니 감히 강당에 있지 못하겠나이다.」

▨ 손님이 앉아서 잔을 들고 일어난다. 손님이 세면소 남쪽으로 가서 북쪽을 향하여 앉아서 제사 술잔을 광주리 안에 넣고 일어난다. 집사 두 사람이 세면기 동북쪽으로 가서 서남을 향하여 세면기와 물을 갖고 선다. 손님이 세수한다. 앉아서 제사 술잔을 들고 일어나 씻는다.

○ 주인이 세면소 북쪽으로 가서 남쪽을 향하여 씻는 것을 사양

하여 말하길 「손님께서는 스스로 욕됨이 없게 하십시오.」 손님이 앉아서 제사 술잔을 광주리에서 놓고 일어나서 대답하기를 「나는 장차 예식을 거행함에 감히 깨끗이 아니할 수 없습니다.」

▨ 주인이 섬돌 동쪽 위치로 돌아온다. 손님이 앉아서 잔을 들고 일어나 마저 씻는다. 손님이 제사 술잔을 들고 서쪽계단에 돌아온다. 주인과 손님이 읍하고 계단에 오를 것을 서로 사양하다가 올라간다. 주인이 섬돌 위에서 절한다(씻은 것을 감사함) 손님은 서쪽계단위에 앉아 술잔을 놓고 답하여 절한다. 일어나서 내려오면 주인도 내려와 선다.

○ 손님이 내려옴을 사양하다가 말하길 「나는 일이 있으려니와 감히 주인을를 번거롭게는 못하나이다.」 주인이 「손님께서 욕되게 일을 하시니 저는 감히 강당에 있지 못하겠나이다.」

▨ 손님이 세면기 남쪽으로 가서 세수한다. 손님이 계단에 돌아오면 주인과 손님이 읍하고 올라가길 양보하다가 올라간다. 주인이 섬돌 위에서 바르게 서있다. 손님이 앉아서 잔을 들고 일어난다. 손님이 술병 남쪽으로 가서 동북쪽을 향하여 제사술잔을 채워 술잔을 들고 주인 앞에 나아가 동남쪽을 향하여 선다. 주인이 섬돌 위에서 절한다(준 것을 감사함). 손님이 조금 물러난다(절을 사양하는 뜻). 주인이 나가 잔을 자리 앞에서 받아 섬돌 윗자리로 돌아온다. 손님이 서쪽계단 위로 돌아와 절한다(받은 것을 감사함). 주인은 조금 물러선다.

▨ 집사가 삶은 고기와 포를 축제상에 놓는다. 주인이 제사 술잔을 잡고 자리에 올라 북쪽으로부터 자리 가운데로 나가 서쪽을 향하여 선다. 집사가 토막고기를 제상 서쪽에 놓는다. 손님은 서쪽계단 위에 선다. 주인은 앉아서 왼손으로는 제사 술잔을 들고 오른손으로는 포와 삶은 고기를 제사 지낸다. 제사 술잔을

축제상 북쪽에 놓는다. 일어나서 오른손으로 드리는 고기 몸통을 잡고 왼손으로 머리를 들어 축제상에 놓는다. 앉아서 왼손으로 몸통을 잡고, 오른손으로 바깥쪽을 잘라 고기를 떼어낸다. 왼손을 주장하여 그것을 조금 맛본다. 일어나서 그것을 제기에 놓고 손을 닦는다. 드디어 잔을 들어 술을 제사 드린다. 일어나서 자리 끝에 가서 앉아 술을 조금 맛본다.

☒ 일어나서 북쪽으로부터 자리를 내려와 섬돌 위로 간다. 앉아서 술을 다 마시고 제사 술잔을 들고 일어선다. 앉아서 제사 술잔을 놓고 절한다(다 마셨음을 뜻함). 술잔을 들고 일어나면 손님은 서쪽계단에서 답하여 절한다. 주인이 앉아서 제사술잔을 동쪽 끝에 놓고 일어난다. 섬돌 위에 와서 절 두 자리를 한다(술을 숭배한다는 뜻). 손님은 서쪽계단 위에서 답하여 재배한다.

6. 주인이 손님에게 술을 권함

☒ 주인이 나아가 술병 남쪽에 이르러 앉아서 향음주례 술잔을 들고 내려온다. 손님이 내려와 선다.

○ 주인이 앉아서 술잔을 놓고 일어나서 내려오기를 사양하며 말하길 「나는 일을 함에 감히 손님을 번거롭게 못합니다.」 손님이 대답함 「주인께서 욕되게 일을 하시니 나는 감히 강당에서 있지 못하겠나이다.」

☒ 주인이 앉아서 술잔을 들고 일어난다. 세면소에 가서 세수를 한다. 전처럼 술잔을 다 씻고 계단에 돌아온다. 서로 읍하고 올라가길 양보타가 올라간다. 손님이 서쪽계단에 올라가서 바르게 선다.

☒ 주인이 술잔을 채워서 섬돌위에 이른다. 앉아서 술잔을 놓고 절한다. 술잔을 들고 일어나면 손님은 서쪽계단 위에서 답하

여 절한다. 드디어 다 마시고 술잔을 들고 일어난다. 앉아서 술
잔을 놓고 절한다(다 마셨음을 뜻함). 술잔을 들고 일어나면 손
님은 서쪽계단에서 답하여 절한다. 주인이 계단을 내려오면 손님
도 내려온다.

○ 주인이 술잔을 놓고 일어나서 사양하여 말하길 「저는 일이
있사오나 감히 손님을 번거롭게는 못하겠나이다.」 손님이 대답함
「주인께서 욕되게 일을 하시니 나는 감히 강당에 있지 못하겠나이
다.」

▨ 주인이 앉아서 술잔을 들고 일어난다. 세면소에 가서 앉아
서 술잔을 광주리에 놓고 일어나서 세수한다. 앉아서 술잔을 들
고 일어나 씻는다.

○ 손님이 나아가 술잔 씻는 것을 사양하며 「주인께서는 스스
로 욕됨이 없게 하시오..」 주인은 앉아서 술잔을 광주리에 놓고
일어나 대답하기를 「나는 장차 예를 행함에 깨끗하게 하지 아니
할 수 없나이다.」 손님이 제자리로 돌아간다.

▨ 주인이 앉아서 술잔을 들고 일어나 씻기를 마친다. 계단에
돌아오면 서로 읍하고 올라가길 사양하다가 함께 오른다. 손님이
서쪽계단위에 바르게 선다. 주인이 술잔을 채운다. 손님자리 앞에
가서 북쪽을 향하여 선다. 손님은 서쪽계단 위에서 절한다(감사하
다는 뜻). 주인이 조금 물러선다. 손님이 절을 다하기를 기다려
가운데 자리로 나아가 앉아서 술잔을 축제상 서쪽에 놓는다.

○ 손님이 사양하여 말하길 「저는 감당하지 못하겠나이다.」

▨ 손님이 나아가 앉아서 술잔을 들고 다시 서쪽 계단위로 간
다. 주인이 섬돌 위에서 절한다(받은 것을 감사함). 손님은 조금
물러난다. 손님이 자리 앞에 나아가 북쪽을 보고 앉아서 술잔을
축제상 동쪽에 놓는다(마침내 이 술잔을 들지 아니하면 사람들

이 기쁨을 다하지 못함). 주인이 읍하고 내려오면 손님은 서쪽계단으로 내려와서 서쪽에 선다.

7. 주인이 여러 손님에게 술을 대접함

▨ 주인이 섬돌 앞에서 서남쪽을 향하여 여러 손님들에게 절 세 자리를 하면 여러 손님들도 답하여 절 한자리 한다. 주인만 읍하고 올라간나. 서쪽 인중방 남쪽에 이르러 앉아서 제사 술잔을 들고 내려온다. 세면소에 가서 앉아서 제사 술잔을 광주리에 놓고 일어나 세수한다. 앉아서 제사 술잔을 들고 일어나 씻는다.

○ 여러 손님 중에 제일 어른 한사람이 나가서 씻기를 사양하여 말하길「주인은 스스로 욕됨이 없게 하시오..」주인이 앉아서 제사 술잔을 광주리에 놓고 일어나 대답하길「나는 장차 예식을 거행함에 감히 깨끗이 아니할 수 없습니다.」

▨ 손님 중에 어른은 제자리로 돌아온다. 주인은 앉아서 잔을 들고일어나 씻기를 마치고 돌아온다. 섬돌 위에 올라가 제사 술을 채운다. 제사 술잔을 받들고 서쪽계단 위로 가서 서남쪽을 향하여 선다. 여러 손님 중에 어른이 서쪽계단으로 올라가 절한다(감사하게 받음). 주인이 조금 물러난다. 주인이 손님 중에 어른의 오른쪽에 서서 북쪽을 향하여 절을 한다(받음을 감사함) 손님 중의 어른은 조금 물러선다.

▨ 집사는 포와 삶은 고기를 축제상에 놓는다. 손님중의 어른은 가운데 자리에 올라가 앉는다. 왼손에 잔을 들고 오른손으로 포와 삶은 고기를 반제 지내며, 술도 제사를 지낸다. 일어나 자리에서 내려와 서쪽계단으로 돌아와 서서 마신다. 주인에게 제사 술잔을 준다. 내려와서 서쪽자리에 선다.

※ 이와 같은 순서로 나머지 손님에게 모두 술을 한잔씩 권한다.

▨ 술을 권함이 다 끝나면 마지막 잔을 먹은 사람이 빈 잔을 주인에게 주고 내려와 제자리에 간다. 주인은 빈 제사 술잔을 가지고 내려와 광주리에 놓는다.

※ 다음은 악공들이 서쪽계단 위에서 음악을 연주하는 가운데 이와 같은 순서로 악공에게도 술을 권한다.

▨ 악공들이 술 먹기를 마치면 서쪽계단 아래로 내려와 동북쪽을 향하여 자리를 한다.

8. 사회를 세움

▨ 주인과 손님이 서로 읍하고 양보하다가 강당으로 올라가면 여러 손님들도 모두 올라가서 자리에 선다. 주인이 자리에서 내려와 섬돌을 내려와서 남쪽을 향하여 선다.

○ 집사 가운데서 사회를 정하여 말하기를 「청컨대 그대는 사회가 되어 주시오.」 집사가 앞에 나와 북쪽을 향하여 말하기를 「저는 감당하지 못하겠나이다.」

○ 주인이 다시 청하여 말하기를 「나는 진실로 청하나이다.」 집사가 이에 허락하여 말하기를 「주인께서 거듭 명령을 하시니 제가 감히 따르지 않으리까.」

▨ 주인이 재배하고 사회도 답하여 재배한다. 주인이 올라가서 자리로 돌아간다. 사회가 세면소 남쪽으로 가서 세수한다. 술잔을 광주리에서 들고 씻는다. 섬돌을 올라가서 인중방 안에서 술잔을 가지고 섬돌 위로 간다. 빈 술잔을 들고 북쪽을 향하여 주인에게 명령을 받는다.

○ 주인이 명령하길 「손님에게 편안히 하시라고 청하시오.」 사회가 서쪽계단 위로 가서 북쪽을 향하여 손님에게 아뢰길 「주인이 편안히 하시라고 청합니다.」 손님이 예로서 사양하여 말하

길 「감히 사양하나이다.」

○ 사회가 다시 청하여 말하기를 「진실로 사양하지 마십시오.」 손님이 허락하여 말하기를 「내가 감히 명령을 따르지 아니하리까.」 사회가 섬돌 위로 가서 북쪽을 향하여 주인에게 아뢰기를 「손님께 편안히 하기를 청하니 손님이 허락하였습니다.」

▨ 주인이 섬돌 위에 가서 서면 손님도 서쪽계단 위로 가서 선다. 사회가 인중방사이에 서서 두 사람을 쳐다본다. 주인이 이에 재배하면 손님도 답하여 재배한다. 주인과 손님이 모두 읍하고 자리로 돌아간다.

▨ 집사가 사회석을 두 계단 가운데에 설치한다(마당가운데에 해당함). 사회가 술잔을 채운다. 서쪽계단으로 내려와 오른쪽으로 돌아 계단사이에 남쪽으로부터 자리에 온다. 북쪽으로 하고 앉아서 술잔을 놓는다. 일어나서 물러나와 손을 가지런히 하여 잠깐 서 있는다.(자기 몸을 바르게 하고 대중을 살피는 뜻).

▨ 집사가 포와 삶은 고기를 축제상에 놓는다. 사회가 나아가서 앉아 술잔을 들고 제사지내지 않고 다 마신다. 일어났다가 앉아서 술잔을 놓고 절한다(다 마셨다는 뜻). 술잔을 들고 일어난다. 사회가 세면소로 가서 손을 씻는다. 돌아와서 앉아서 술잔을 제자리에 놓는다. 일어나서 조금 물러나와 술잔 남쪽에서 북쪽을 향하여 선다.

9. 차례로 술 권함

▨ 손님이 내려와 자리 앞에 나아가 북쪽을 향하여 축제상 서쪽에 있는 술잔을 든다(집사가 술을 채운 잔을 미리 갖다 놓는다). 일어나서 섬돌 위에 가서 북쪽을 향하여 선다. 주인이 자리에서 내려와 손님 동쪽에 선다. 손님이 앉아서 술잔을 놓고 절

한다. 손님이 서서 마신다. 잔을 채운다. 섬돌 위로 나가서 동남쪽을 향하여 선다. 주인이 절한다. 주인이 나가서 술잔을 받는다. 손님이 절한다. 손님이 읍하고 자리로 들어온다. 주인이 술잔을 들고 서쪽계단으로 가서 북쪽을 향하여 선다.

　※ 여러 손님 중에 어른부터 차례로 내려와서 술을 마시고 권함.

　▨ 손님 중에 어른이 내려 와서 주인의 서쪽에 선다. 주인이 앉아서 술잔을 놓고 절하고 술잔을 들고 일어난다. 어른 손님이 답하여 절한다. 주인이 서서 마신다. 잔에 술을 채워 서남쪽을 향하여 선다. 손님이 절하면 주인이 조금 물러선다. 손님이 나가서 술잔을 받는다. 주인이 손님 동쪽에 서서 절하면 손님이 조금 물러선다. 주인이 읍하고 자리로 돌아온다.

　▨ 다음 손님이 자리에서 내려가 남쪽으로부터 여러 손님 가운데 윗 손님 동쪽에 선다. 윗 손님이 앉아서 술잔을 놓고 절하고 술잔을 들고 일어난다. 다음 손님도 답하여 절한다. 윗 손님도 서서 마신다. 가서 술잔을 채운다. 서쪽계단 위에 서남쪽을 향하여 선다. 다음 손님이 절한다. 윗 손님이 조금 물러선다. 다음 손님이 나가서 술잔을 받는다. 윗 손님이 다음 손님에게 절한다. 다음 손님이 조금 물러선다. 윗 손님이 읍하고 제자리로 돌아온다. 사회가 올라가 서쪽계단 위에서 서북쪽을 향하여 서서 여러 손님을 보고 술 권할 차례를 지명한다.

　※ 이와 같은 순서로 모든 사람이 술 먹기를 마친다.

　▨ 가장 마지막에 술을 먹은 사람이 술잔을 가지고 내려와 광주리에 놓고 제자리로 돌아간다. 사회는 내려와 술잔 남쪽자리로 간다.

10. 두 사람이 여러 사람에게 술을 권함

▨ 사회가 집사 두 사람으로 하여금 손님들에게 술잔을 들라고 한다. 두 사람이 세면소로 가서 세면기 남쪽에서 서쪽을 향하여 선다. 차례로 나가 북쪽을 향하여 세수를 한다. 각각 술잔을 광주리에서 들고 씻는다. 차례로 올라가 술잔을 채운다. 차례로 서쪽계단 위에 가서 북쪽을 향하여 나란히 선다. 모두 앉아서 술잔을 땅에 놓고 절한다. 술잔을 들고 일어나면 윗 손님이 모두 일어나서 자리 끝에 나아가 답하여 절한다. 두 사람 모두 앉아서 제사지낸다. 드디어 다 마신다. 일어났다가 앉아서 술잔을 놓고 절한다. 술잔을 들고 일어나면 손님과 윗 손님이 모두 자리 끝에 나아가 답하여 절한다. 술잔을 든 사람이 다시 내려와 씻고 올라간다. 잔을 채운다. 서쪽계단 위에 가서 북쪽을 향하여 나란히 선다. 손님과 윗 손님이 모두 자리 끝에 나아가 절한다(감사하다는 뜻임). 술잔을 든 두 사람이 각각 손님과 윗 손님자리 앞에 나아가 술잔을 축제상 서쪽에 놓는다. 손님과 윗 손님이 모두 사양하며 「나는 감당하지 못하겠나이다.」 손님과 윗 손님이 앉아서 술잔을 들고 일어난다. 술잔을 권한 사람 모두 물러나와 서쪽계단 위에서 절함(받은 것을 감사하다는 뜻). 술을 권한 사람은 이에 내려와 자리로 돌아간다. 손님과 윗 손님은 모두 앉아서 술잔을 제자리에 놓고 일어난다(술을 더 이상 먹지 못한다는 뜻).

11. 축제 음식을 거둠

▨ 사회가 서쪽계단으로부터 올라가 섬돌 위로 가서 북쪽을 향하여 주인에게 명령을 받는다.

○ 주인이 명령하기를 「손님들에게 앉기를 청하시오.」하면 사

회가 서쪽계단 위로 가서 북쪽을 향하여 손님에게 아뢰기를 「주인이 앉기를 청합니다.」 손님이 사양하며 「축제상이 있으니 감히 앉기를 사양하나이다.」

○ 주인이 축제상을 치우라고 청한다. 사회가 서쪽계단으로 가서 손님께 「주인이 축제상을 치우기를 청하나이다.」 손님이 허락하여 「삼가 명령을 듣겠나이다.」

○ 사회가 계단 앞으로 내려와 집사들에게 축제상 치우기를 명령하고 축제상이 치워지기를 기다려서 말하길 「축제상을 치우기를 기다리시오..」라고 한다.

▨ 주인과 모든 손님이 뜰 앞에 이르러 차례로 선다. 사회가 올라가서 서쪽 끝에 선다. 손님이 자리에서 내려와서 자리 앞에 북쪽을 향하여 앉는다. 주인이 자리에서 내려와 섬돌 위에 북쪽을 향하여 선다. 손님이 축제 음식을 가지면 사회가 나아가서 축제 음식을 받아가지고 내려온다. 손님도 따라서 내려와서 서쪽 계단에 선다. 주인이 축제 음식을 가지면 집사들이 올라가 축제 음식을 받아 가지고 내려와서 동쪽계단 앞에 선다. 주인도 내려와서 섬돌아래 동쪽자리에 선다. 윗 손님이 축제 음식을 가지면 다른 집사가 올라가 축제음식을 받아가지고 내려온다. 윗 손님도 내려와서 손님 남쪽에 선다. 다른 손님들이 축제음식을 들면 집사들이 올라가서 축제음식을 받아가지고 내려온다. 여러 손님들도 모두 내려와서 손님 남쪽에 선다.

12. 연회를 함

▨ 주인과 손님 및 여러 손님 이하는 모두 신발을 벗음. 주인과 손님이 읍하고 올라가길 서로 사양하다가 같이 오른다. 모두 자리에 돌아와 앉음. 집사가 음식을 받들고 나와 손님과 주인

및 여러 손님자리 앞에 놓음.

▨ 사회가 두 사람으로 하여금 술잔을 들게 해서 자유롭게 술 먹는 식을 거행함(두 사람이 서쪽계단으로 올라가 술잔을 채워 손님과 윗 손님 앞에 놓는다). 손님과 윗 손님은 일어나지 않고 놓은 술잔을 들어 술을 다 마신다. 두 집사는 나가서 빈 술잔을 받아 술을 가득 채워 주인과 여러 손님들에게 차례차례로 술을 갖다 놓는다.

※ 이와 같이 모든 손님과 주인 및 집사에게 술을 권한다.

▨ 마지막으로 술잔을 받은 두 사람은 모두 술잔을 받고 마시지 않는다. 두 집사는 돌아와 앉는다. 마지막으로 술잔을 받은 사람은 서쪽계단 위로 가서 북쪽을 향하여 나란히 선다. 사회가 올라가 서쪽 끝에 서서 강당 아래에 있는 주인 측 집사와 손님 측 수행원을 차례로 불러 술 받기를 권한다. 술을 받으라고 지명 받은 두 사람은 올라온다. 그 술잔을 든 사람 좌측에 선다. 술잔을 든 사람이 모두 서서 마신다. 스스로 술잔을 채워 와서 서남쪽을 향하여 서있는 사람에게 준다. 술잔을 받는 사람은 모두 북쪽을 향하여 술잔을 받는다. 술을 권한 사람은 모두 제자리로 돌아온다. 술잔을 받은 사람이 북쪽을 향하여 서 있으면 사회가 다음에 술 받을 사람을 지명하면 두 사람이 올라와 좌측에 선다. 술을 받은 사람은 술을 마시고 다시 잔을 채워 전처럼 한다. 마지막 받은 사람이 술을 마시고 술잔을 가지고 내려와 광주리에 놓고 제자리에 돌아간다. 악사들로 하여금 자유곡을 연주케 한다. 다음 술을 권할 집사 두 사람이 다시 술잔을 가져다 씻어서 올라온다. 손님과 큰 손님은 일어나지 않고 술잔을 들어 마신다.

※ 전처럼 반복하여 술잔을 돌린다.

☒ 연회를 즐겁게 마친다.

13. 손님이 돌아감

☒ 손님이 일어난다(자유의사임). 자리에 있는 모든 사람이 일어난다. 음악을 그친다. 손님이 내려오면 모든 사람이 따라 나간다. 문 밖 서쪽에 차례로 처음처럼 선다. 주인이 문 동쪽으로 나아가 서쪽을 향하여 절 두 자리를 한다. 손님과 여러 손님들은 자리를 피하여 절을 하지 아니하고 돌아간다.

☒ 다음날 손님은 주인에게 치하하여 감사한다.

☒ 다음날 주인은 여러 집사에게 남은 술을 대접하며 노고를 치하한다.

제3편 부 록

※ 백일맞이와 돌맞이 및 회갑잔치와 회혼례는 정통의식이 없다.
　그러나 오늘날 성행하므로 그 전통 절차를 간추려 정리하였다.

제1장 백날(百日)맞이 절차

1. 삼신풀이

아이가 태어나 100일이 되면 어머니나 할머니가 아침에 쌀밥, 미역국, 백설기 등을 차려 삼신할머니께 그동안의 보살핌에 감사하면서 아이의 명과 복을 빈다. 그 밥과 국을 산모에게 먹인다.

2. 배냇머리 깎음

아이의 배냇머리를 깎아 곱게 묶어서 깊이 간직하였다가 성년식 날 돌려주어 평생 간직하며 어버이 은혜를 잊지 않도록 한다.

3. 색동옷 입힘

그동안 흰옷만 입히다가 백일날 처음으로 색동옷을 입혀서 어른이 안아보게 한다.

4. 백설기 떡잔치

집안 형편이 넉넉하면 백설기를 만들어 집안 친척이 모여 나누어 먹고, 이웃사람에게 나누어 주어 선덕을 널리 베푼다.

5. 백일 선물

떡을 얻어먹은 사람은 여유가 있으면 쌀, 실, 옷, 밥그릇, 수

저, 포대기, 반지 등의 답례선물을 보내 명과 복을 축원한다.

6. 아이 이름

본 이름은 태어난 다음 출생신고 할 때 이미 지어 주었으나, 어른들이 아기를 직접 보시고 생김새나 맵시 또는 귀여운 뜻으로 아이 때만 부르도록 애 이름을 지어줄 수 있다. 대개 애 이름은 집안에서만 부른다.

제2장 돌맞이 절차

1. 성주고사

태어나서 첫돌을 맞이한 날 아침에 어머니나 할머니가 쌀밥, 미역국, 백설기, 수수경단을 차려, 성주님께 드리고 아이의 명(命)과 복(福)을 빈다. 그 밥과 국을 아기의 어머니에게 먹인다.

2. 돌 빔

새로 마련한 모자, 옷, 신발을 갖추어 입힌다. 대체로 남자아이는 보라색 바지에 분홍저고리를 입히며 그 위에 남색조끼, 색동마고자나 색동두루마기를 입혀 가죽띠를 매고 복건을 쓴다. 여자아이는 빨간색 치마에 색동저고리를 입히며 색동마고자나 색동두루마기를 입혀 조바위를 쓰고 비단 실띠를 맨다. 이날, 남자아이나 여자아이에게 모두 두루주머니를 채우고 그 속에 오색실을 넣어주어 수명장수를 빌고, 동전 세 개를 넣어주어 부귀복록을 빈다.

3. 돌떡잔치

집안 형편에 따라 알맞게 떡을 하여 여러 사람이 나누어 먹으며 아이의 건강과 행복을 축복한다. 돌떡으로는 대개 백설기, 수수경단, 찹쌀떡, 송편, 무지개떡, 인절미 등을 주로 만들어 맑고,

깨끗하며, 튼튼하고 씩씩하며, 힘차고 끈질긴 성품을 상징하여
줌과 동시에 수수경단은 모든 액운을 물리침을 뜻한다.

4. 돌잡이

아기에게 떡과 과일로 돌상을 차려 주되, 그 상위에 쌀, 실,
종이, 활, 자 따위를 놓고, 아기에게 골라잡게 하여 미래의 직업
을 미리 점쳐보는 놀이이다.

5. 돌 선물

돌떡을 먹거나 받은 집에서는 떡을 담아온 그릇을 씻지 않은
채 실이나 돈을 담아 건강과 행복을 축원하는 선물을 보낸다.

제3장 회갑잔치(回甲宴, 還甲宴) 절차

1. 손님초청

어버이가 회갑(61세)을 맞이하면 아들딸은 적당한 날을 잡아 회갑잔치 계획을 세우고 미리 친척과 친지에게 초청을 한다.

2. 새 옷 단장

회갑 날이 되면 아침에 어버이께 새 옷을 입혀 드려서 곱게 단장한다. 만일 할아버지, 할머니께서 살아계시면 오색무늬옷을 입게 한다.

3. 큰상 차림

일가친척이 모여서 서로 도우며 경사스러운 술을 드릴 큰 상을 중앙에 차린다. 차림표는 일정한 규격이 없으나, 회갑을 맞이한 분이 앉을 좌석을 중심으로 하여 잡수시기 좋게 차리고 그 상 앞에서 자손이 축수 술잔을 올릴 수 있게 위치를 잡는다.

4. 축수술잔 드림(獻壽)

정한 시간이 되면 아들딸은 어버이를 모시어, 큰 상 중앙에 자리하여 앉게 하고, 어버이의 가까운 어른(할아버지, 할머니, 백숙부·모, 고모)이 있으면 그 곁에 모신다. 모두 자리에 앉으면 사회자가 회갑잔치를 거행하겠다고 선언한 다음, 큰아들 며느리 부부로부터 앞에 나아가 축수하는 술잔을 올리고 절한 다음 물러온다. 이렇게 가족이 축수 술잔을 올림과 동시에 헌수하는 글이나 시가 있으면 낭독한다.

5. 음식잔치

자손의 축수 술잔이 대강 끝나면 가족은 큰상 앞으로 손님 잔칫상을 차려 낸다. 여러 손님이 잔칫상에 앉으면 사회자가 음식을 즐겁게 들도록 권한다. 이에 손님은 자유롭게 술과 음식을 들며 특별히 축수 술을 드릴 사람은 큰 상 앞으로 와서 인사하고 술을 드리거나, 또는 축하의 글월이나 시를 지었으면 읽어 드린다.

6. 흥겨운 놀이

모든 사람이 빠짐없이 술과 밥을 먹고 나면 큰 상을 비롯하여 잔칫상을 걷고, 놀이마당을 펼친다. 악기를 연주하며 노래와 춤으로 즐겁게 놀아주는 것이 이날의 도리인 즉 '얼씨구 절씨구' 신나게 놀아서 오래 산 기쁨을 누리도록 한다.

7. 기념선물

회갑선물은 노인에게 필요한 물건으로 글씨, 그림, 병풍, 모자, 지팡이, 장갑, 목도리, 방석, 의자 등으로 선물한다. 회갑연 같은 경사에 있는 집안은 외부인의 선물은 사절하였으니 은덕을 베풀어 자손에게 음덕을 물려주려는 배려에서 그랬던 것이다. 오늘날도 부귀권세 있는 사람이 이런 잔치를 열고 선물을 받는다면 그 명예에 커다란 손상을 입을 터이니, 가급적 지나친 선물은 삼가해야 된다.

제4장 회혼례(回婚禮) 절차

1. 손님초청

어버이가 백년해로하여 결혼한 지 60주년이 되면 아들딸이 적당한 날을 받아 잔치를 준비하고 일가친척과 친지들을 초청한다.

2. 새 옷 단장

회혼례식 날이 되면 아침에 어버이께 새 옷을 입혀 드리고 곱게 단장한다.

3. 초례상 설치

마당에 차일을 치고 초례상을 설치하여 전통 결혼식 때처럼 꾸민다.

4. 회혼식

시간이 되면 가급적 전통 혼례복을 입혀서 식장에 모시고 나와 전통혼례 식순에 따라 식을 거행한다.

5. 축복 술잔 드림

회혼식을 마치면 초례상을 치우고 회갑 잔치 때의 큰상 차림처럼 중앙에 차리고, 또한 주위에 손님상을 차려서 모두 자리에

앉게 한 다음, 자유롭게 음식을 들면서 큰아들 며느리 부부로부
터 축복 술잔을 드리고 축하하여 절한다.

6. 흥겨운 놀이

　모든 사람이 빠짐없이 술과 밥을 먹고 나면 큰 상을 비롯하여
잔치상을 거두고, 악기를 연주하며 노래와 춤으로 즐겁게 놀면서
두 분의 백년해로를 기린다.

7. 기념 선물

　아들, 며느리, 딸, 사위를 비롯하여 잘사는 친척은 적당한 선물
을 해드리고 일가친척과 친지는 뜻있는 선물을 드리며, 일반 내빈
은 참석하는 것 자체가 축복이니 선물에 부담을 가지지 않아도 되
는 것이다.

● **저자** ●

서정기(徐正淇)

4.19혁명 선봉 및 민족통일전국학생 성대조직위원장

한국유학연구회 유교사상 편집인, 동양문화연구소 연구실장, 성균관 전학(典學)

한국청년유도회 회장 - 예법(관례, 향음주례, 사상견례)부흥운동 전개

동양문화연구소 부소장 및 소장 - 세계 속의 한국학운동 전개

건국대학교 대학원 철학과 박사학위 심사위원

민중유교연합 의장 - 한글제사축문 보급운동 전개

성균관유교진흥대책위원회 위원장 - 도덕성 회복과 새사람운동 전개

성균관유교문화연구위원회 위원장, 태학지 번역분과 위원장, 민주평화통일 자문위원회 상임위원, 성균관 유교신보 편집인 겸 주간 역임, 삼경역주 성균훈로상 수상, 성균관 태학지 번역공로상 수상

현 (사)현정회 이사, 동양문화연구소 소장, (사)한국예절교육협회 상임고문, 김동식 장군 기념사업회 상임고문

● **주요 저서** ●

『세계 속의 韓國文化』, 『세계 속의 韓國精神』, 『세계 속의 韓國儒敎』,

『세계 속의 韓國禮節』, 『세계 속의 韓國流風』, 『정통가정의례』, 『민중유교사상』,

『전기소설 공자』, 『새시대를 위한 대학·중용』, 『새시대를 위한 춘추』(상·중·하),

『새시대를 위한 시경』(상·하), 『새시대를 위한 서경』(상·하),

『새시대를 위한 주역』(상·하), 『새시대를 여는 길』, 『根源探索』, 『도학통론』,

『성혼록』, 『김동식 장군』, 『아침햇살 영롱한 대나무 열매』,

『하늘로 날아라 못으로 뛰어라』 외 다수.

정통가정의례

초판 인쇄	2005년 6월 27일
초판 발행	2005년 6월 29일
편 저 자	서정기
펴 낸 이	채종준
펴 낸 곳	한국학술정보㈜
	경기도 파주시 교하읍 문발리
	파주출판문화정보산업단지 526-2
	전화 031) 908-3181(대표) · 팩스 031) 908-3189
	홈페이지 http://www.kstudy.com
	e-mail(e-Book사업부) ebook@kstudy.com
등 록	제일산-115호(2000. 6. 19)
가 격	12,000원

ISBN 89-534-2476-3 94150 (paper book)
    89-534-2477-1 98150 (e-Book)
    89-534-2428-3 94150 (paper book set)
    89-534-2459-3 98150 (e-book set)